Friedrich Pohl

1mal1 des Imkerns

Kosmos

Honig- und Wachsgewinnung ▸ 68

Wanderung mit Bienen ▸ 87

Bienengesundheit ▸ 92

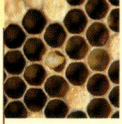

Service ▸ 115

Vorwort

Oft fragen an der Bienenhaltung Interessierte oder Anfänger nach einem geeigneten Lehrbuch. Die Antwort ist nicht einfach, weil es eine Vielzahl von Schriften gibt, die imkerliche Erfahrungen praxisnah darstellen. Das vorliegende Buch gehört unzweifelhaft dazu, weil es mehrere Grundvoraussetzungen erfüllt.

Der Aufbau führt systematisch richtig und behutsam in die Imkerei ein. Die Ausführungen beschränken sich auf das Wesentliche und zeigen, welche Vorüberlegungen anzustellen sind und was zu Beginn der Imkerei erforderlich ist.

Für den Umgang mit dem Bienenvolk werden klare Handlungsanweisungen gegeben, die einzelne Schritte anschaulich darstellen und auf denkbare Fehler hinweisen. Sie beschreiben die Grenzen des eigenen Handelns und zeigen auf, wo der Anfänger (oder derjenige, der noch dazulernen will) den Rat anderer benötigt.

Die Sprache ist klar, die Abbildungen sind exemplarisch und die Arbeitsschritte werden so geschildert, dass jede notwendige Maßnahme am Bienenvolk nachgelesen und dann vollzogen werden kann.

Aus diesen Gründen sollten Vereine und Verbände im Rahmen ihrer Nachwuchswerbung und Jungimkerbetreuung dieses Buch denjenigen, die sich für die Bienenhaltung interessieren oder bereits mit ihr angefangen haben, in die Hand geben.

Dr. E. Schieferstein
Präsident des Deutschen Imkerbundes
e. V.

Wie wird man Imker?

Jeder interessierte Mensch kann Imker oder Imkerin werden, sofern man neugierig auf das Geschehen in einem Bienenvolk ist – und diese Neugier stärker ist als die Angst vor dem kleinen Stachel dieser höchst faszinierenden Tierchen:

Bienen sind anders als jedes Haus- und Nutztier, denn Tausende von Arbeiterinnen bilden ein Volk, das sich durch Zweiteilung (Schwarm) vermehrt. Durch geschickte Eingriffe verhindert der Imker das Schwärmen und bildet neue Völker! Ein Teil des im Sommer gesammelten Honigs dient eigentlich als Winterfutter. Dieser „Honigüberschuss" wird den Bienen weggenommen und durch (preiswerten) Zucker ersetzt. Die Bienen verkraften diese Maßnahme sehr gut und wir haben gleichzeitig leckeren Honig auf dem Tisch. Ein weiteres Produkt aus dem Bienenvolk ist das Bienenwachs – „Überschüsse" können zu Kerzen verarbeitet werden.

▸ Was benötigt man zum Imkern?

Zum Imkern benötigt man einige Quadratmeter Platz, z.B. im Garten, wo die Bienenvölker aufgestellt werden können. Für leere Bienenkästen, Rähmchen und Geräte reicht ein kleiner Schuppen oder Keller und das Schleudern des Honigs kann in der Küche stattfinden.

Erfahrungen und praktische Arbeiten lassen sich nur in einem begrenzten Umfang in einem Buch darstellen. Daher ist eine Ergänzung durch einen Imker-Anfängerkurs (Imkerverbände und Bieneninstitute) sehr sinnvoll. Oder es

hilft ein „Paten-Imker". Außerdem ist es immer spannend, einem anderen Imker beim Arbeiten über die Schulter zu schauen. So kann man lernen, was man genauso oder anders machen möchte.

Ich liebe das Arbeiten an den Bienenvölkern und lasse mich gerne von den Bienen ablenken. Ob sich meine Imkerei finanziell trägt, habe ich nie nachgerechnet. Teuer käme die Imkerei, wenn ich für die schönen Stunden mit den Bienen hätte zahlen müssen. Die Bienen arbeiten übrigens völlig kostenlos!

▸ Arbeitsaufwand

Ich kann das Motto „Bienen und Schaf ernähren den Herrn im Schlaf" nicht uneingeschränkt bestätigen. Bienen sind jedoch selbstständiger als jedes andere Tier und benötigen in der Winterzeit keinerlei Zuwendungen, so dass Sie sich um „bienenfreie" Arbeiten kümmern können: z.B. Waben einschmelzen, Rähmchen drahten, Kästen anstreichen.

Wenn Sie Glück haben, sind staatliche Unterstützungen für den Beginn einer neuen Imkerei in Form einer kleinen finanziellen Beihilfe erhältlich. Ansprechpartner sind die Imkerverbände und Landwirtschaftskammern.

Egal, ob Sie 8 oder 88 Jahre alt sind, Imkern macht viel Freude. Falls Sie körperliche Einschränkungen haben, können Hilfsgeräte das Arbeiten erleichtern – z. B. um das Heben oder Tragen von Kästen mit schweren Waben zu erleichtern oder gar zu verhindern. Auch hierzu erhalten Sie Tipps.

Falls Sie sich immer noch fragen sollten, wie man Imker wird – Sie sind schon längst auf dem Wege!

Zur Biologie der Honigbiene

Lebensweise, Körperbau und Entwicklung

Moderne Höhle: Bienenkasten.

Die Honigbienen, im Folgenden nur Bienen genannt, leben normalerweise in Höhlen: meist in vom Specht ausgehöhlten Baumhöhlen, die vor Regen, niedrigen Temperaturen und Wind schützen. Heute bewohnen sie überwiegend Bienenkästen, die diese Funktion erfüllen und dem Imker die Arbeit erleichtern.

In Waben aus Bienenwachs werden Vorräte wie Honig und Pollen eingelagert. Jede Wabe besteht aus Tausenden sechseckiger Zellen, die unter optimaler Raumausnutzung eine extreme Stabilität gewährleisten. Ein Bienenvolk aus mehreren Tausend bis Zigtausend Bienen bearbeitet eine Vielzahl von Waben für die Brutaufzucht und Lagerung der Vorräte (Honig und Pollen).

ANZAHL BIENEN PRO VOLK ▶ Sie schwankt je nach Jahreszeit zwischen rund 10.000 bis ca. 50.000 Arbeiterinnen. Während die Königin ausschließlich Eier legt, werden alle übrigen Tätigkeiten wie z. B. Wachsproduktion, Nestbau, Brutpflege, Nahrungssammeln, Putzen und Verteidigung von den Arbeiterinnen erledigt. Sie sind ebenso wie die Königin weibliche Bienen, jedoch besitzen sie nur rudimentäre Eierstöcke und fliegen niemals zur Begattung aus (siehe S. 11). An der Begattung sind Drohnen, d. h. männliche Bienen beteiligt, die im Bienenvolk nur im Frühjahr und Sommer vertreten sind.

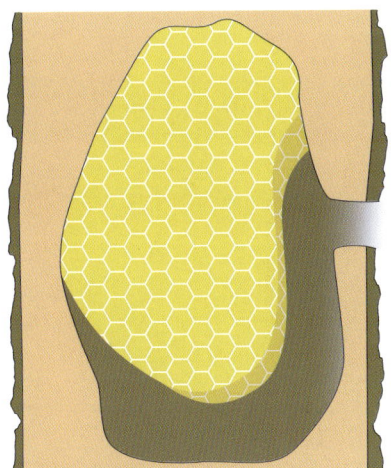

Bienenvolk in einer Spechthöhle.

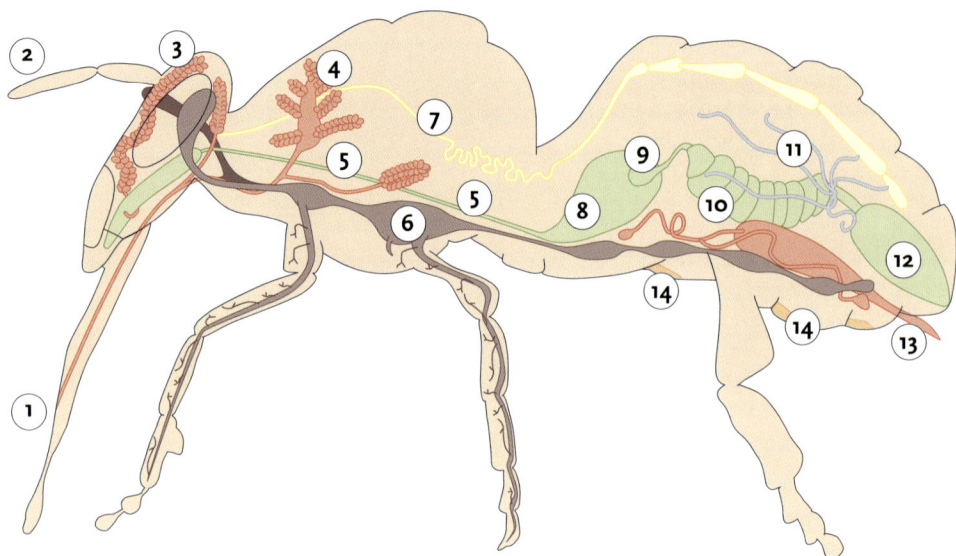

(1) Rüssel
(2) Antennen
(3) Futtersaftdrüsen
(4) Brust-
speicheldrüse
(5) Speiseröhre
(6) Nervensystem
(7) Herzschlauch
(8) Honigmagen
(9) Honigventil
(10) Darm
(11) Nieren-
schläuche
(12) Kotblase
(13) Stachel
(14) Wachsdrüsen

▶ Der Körperbau der Honigbiene

Die Honigbiene ist wie jedes andere Insekt komplex aufgebaut. Die für den
Imker wichtigsten Fakten können nur
stichpunktartig skizziert werden:

KOPF ▶   Zwei große Komplex- und
drei kleine Stirnaugen; ohne beweg-
liche Linsen.

▶   Zwei Antennen zum Tasten,
Schmecken und Riechen; keine Nase.

▶   Drüsen für die Produktion von Futtersaft und Duftstoffen (Pheromonen).

▶   Röhrenförmiger Rüssel, der bei Nicht-
gebrauch unter den Kopf geklappt wird.

▶   Kräftige Kiefer zum „Abhobeln"
oder zum Kneten von Wachs.

BRUSTABSCHNITT ▶   Träger von
zwei großen und zwei kleinen Flügeln;
Vorder- und Hinterflügel werden mit
Häkchen zu einer Einheit verbunden.
Fluggeschwindigkeit bis 25 km/h.

Sechs Beine mit unterschiedlicher

Spezialisierung, z. B. Reinigung der
Antennen (Vorderbein), Pollenpresse
und Pollenkörbchen (Hinterbein).

HINTERLEIB ▶   Sammelmagen (Honigmagen) mit Verschlussventil, damit
der Honig getrennt vom Darminhalt
transportiert werden kann.

▶   Stachelapparat mit Giftdrüse. Nur in
elastischer Haut bleibt der hakenbewehr-
te Stachel hängen und der gesamte Stachelapparat reißt ab (nicht bei Drohnen).

▶   Wachsdrüsen zur Produktion von
Wachsschuppen (Baumaterial für die
Waben).

▶   Drüsen für Duftstoffe.

WEITERE ORGANE ▶   Weit verzweig-
tes Tracheensystem für die Atmung;
keine Lungen.

▶   Offener Blutkreislauf; keine Adern.

▶   Strickleiter-Nervensystem.

▶   Malpighische Gefäße (Nierenfunk-
tion).

▶ Wie entstehen Bienenwesen?

Legt die Königin ein befruchtetes Ei in eine Arbeiterinnenzelle, dann entwickelt sich daraus eine Arbeiterin.

Wenn sie das gleiche befruchtete Ei in eine (eichelförmige) Königinnenzelle legt, entwickelt sich daraus eine Königin, da die Arbeiterinnen es mit dem Königinnenfuttersaft (Gelee Royale) füttern. Das Futter sowie die intensive Betreuung bewirkt die Ausprägung der königinnentypischen Merkmale. Die Königinzelle wird anfangs Weiselnäpfchen, später Weiselzelle genannt.

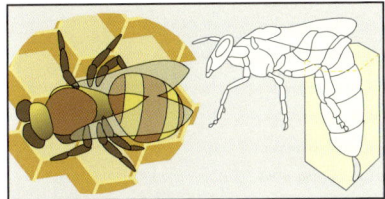

Königin bei der Eiablage (von oben und im Schnitt).

Wie erkennt nun die Königin, ob sie ein unbefruchtetes oder ein befruchtetes Ei legen muss? Bevor die Königin ein Ei in eine Zelle legt, kontrolliert sie die Zelle auf Sauberkeit und misst mit den Vorderbeinen den Durchmesser der Zelle: Arbeiterinnenzellen sind im Durchmesser mit 5,3 mm kleiner als Drohnenzellen (6,9 mm). Die Königin gibt bei der Eiablage in die Arbeiterinnenzelle Spermien aus der Samenblase (befruchtetes Ei) und bei der Drohnenzelle nicht (unbefruchtetes Ei).

▶ Entwicklungsdauer

Die Königin braucht für die Entwicklung vom Ei bis zum fertigen schlüpfenden Insekt 16 Tage, die Arbeiterin 21 Tage und der Drohn 24 Tage. Jede Biene durchläuft in ihrer Entwicklung nachein-

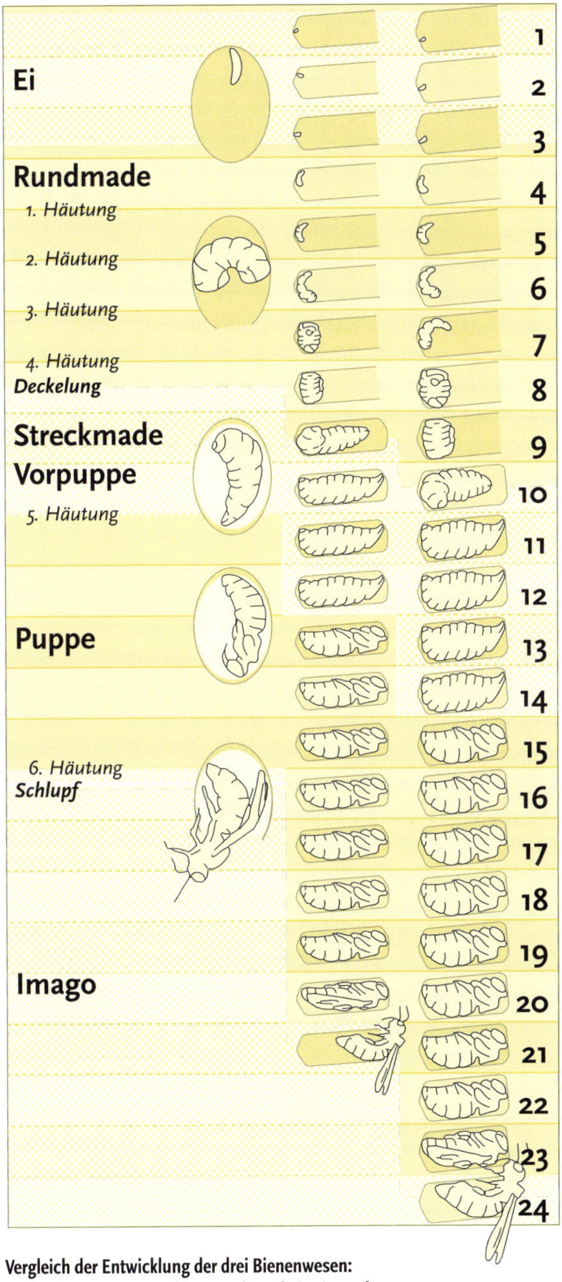

Ei
1
2
3

Rundmade
1. Häutung
4
2. Häutung
5
6
3. Häutung
7
4. Häutung
Deckelung
8

Streckmade
Vorpuppe
9
5. Häutung
10
11
12

Puppe
13
14
15
6. Häutung
Schlupf
16
17
18
19

Imago
20
21
22
23
24

Vergleich der Entwicklung der drei Bienenwesen: Schlupf der Königin nach 16 Tg., der Arbeiterin nach 21 Tg. und des Drohns 24 Tg..

Königin, Arbeiterin und Drohn im Vergleich

	Königin ♀	*Arbeiterin* ♀	*Drohn* ♂
Geschlecht	weiblich	weiblich	männlich
Entwicklungszeit	16 Tage	21 Tage	24 Tage
Aufgaben	Eiablage	Reinigung Brutpflege Wachsproduktion und -verarbeitung Nahrung sammeln Verteidigung	Begattung junger Königinnen
Lebenserwartung	4–5 Jahre	Sommer 4–6 Wochen Winter 5–8 Monate	4–5 Wochen
Anzahl pro Volk	immer nur eine	Sommer ca. 30.000 bis 60.000 Winter 10.000 bis 20.000	Sommer bis 2.000 Winter meist 0
Besonderheiten des Körperbaus: Eierstöcke Wachsdrüsen	voll entwickelt nicht ausgebildet	verkümmert in bestimmtem Alter und nach Schwarm funktionsfähig (auch vom Futterangebot abhängig)	keine keine
Stachel	funktionsfähig	funktionsfähig	keiner
Geschlechtsorgane	voll entwickelt Bestehen aus paarigen Eierstöcken mit Hunderten von Eischläuchen, die mit Eiern gefüllt sind, Eileitern, Samenblase (nur bei ♀ nach Begattung gefüllt) und Scheide.	verkümmert	voll entwickelt Setzen sich aus paarigen Hoden, Samenleitern und dem Begattungsschlauch zusammen.

ander vier Phasen: Ei-, Larven-, und Puppenstadium sowie adultes Tier (Imago), wobei sich das Aussehen des Tieres vollständig verändert, da es eine Metamorphose (Verwandlung) durchläuft. Das längliche Ei (auch Stift genannt) wiegt nur rund 0,12 mg, die schlüpfende Biene mit 100 mg (0,1 g) ein Vielfaches!

Abläufe im Bienenstock

Durch die Beobachtung einzelner Bienen in Beobachtungsstöcken (siehe S. 36) hat man eine altersbedingte Abfolge von Tätigkeiten der Arbeiterinnen festgestellt. Neuere Untersuchungen sprechen für ein nicht starres Schema

Paarungsflug der jungen Königin. Paarung mit >10 Drohnen.

Lebensalter	typische Tätigkeit der Arbeiterin (nach Seeley 1997)
1.–3. Tag	▸ Putzen von freigewordenen Brutzellen ▸ Ausruhen (ca. 20 % der Zeit) ▸ Belaufen der Waben um Arbeit zu suchen (ca. 20 % der Zeit) ▸ Aufnahme von Pollen zur Aktivierung der Futtersaft-Drüsen
3.–12. Tag	▸ Ammentätigkeit: Fütterung der Larven mit dem selbstproduzierten Futtersaft ▸ Versorgung der Königin im Hofstaat ▸ Deckeln von Brutzellen ▸ Putzen und Füttern von Stockgenossinnen und Drohnen
ab 12. Tag	▸ Abnehmen des Nektars von heimkehrenden Sammlerinnen. Die in den Futtersaftdrüsen produzierten Enzyme wandeln den Nektar in Honig um. ▸ Fächeln mit Flügeln zur Belüftung des Stockes ▸ Putzen und Füttern von Stockgenossinnen und Drohnen ▸ Kontrolle des Stockeinganges (Wächterbiene) ▸ Stampfen von Pollen, der in den Zellen abgelegt wurde ▸ Ausscheidung von Wachsschüppchen und „Verbauen" des Wachses beim Wabenbau
ab 20. Tag	▸ Sammelflüge (Nektar, Pollen, seltener: Wasser oder Propolis) ▸ nach Rückkehr: Übergabe von Nektar (oder Wasser) an jüngere Stockbienen oder „Selbstentladung" der Pollen in Zellen. Gesammelte Propolis muss von Stockbienen von den Hinterbeinen abgenagt/abgeleckt werden.

der Arbeitsteilung (vgl. nebenstehende Tabelle). Bei Bedarf und Lebenssituation des Volkes kann eine alte Arbeiterin auch Arbeiten ausführen, die sonst eher von jungen Bienen ausgeführt werden, wie z. B. Brutpflege oder Wabenbau.

▸ Baumaterial im Bienenstock

Die Waben bestehen aus Wachs, das die Arbeiterinnen in den Wachsdrüsen produzieren. Kleine Wachströpfchen werden aus den Drüsen gepresst und erstarren an der Luft zu kleinen Schüppchen. Diese werden mit den Mundwerkzeugen geformt und – mit Speichelsekreten versetzt – zum Wabenbau verwendet. Waben werden nur im Zeitraum Frühjahr bis Sommer gebaut. Eine wichtige Voraussetzung für die Bauaktivität ist ein starker Futterstrom (Nektar) oder der Imker füttert Zuckerwasser.

Bienen bauen die Waben meist von oben nach unten , als Baugerüst dienen Arbeiterinnen. Zum Abdichten von Ritzen im Bienenkasten verwenden die Bienen gesammeltes Baum-, bzw. Pflanzenharz, das Kittharz oder die Propolis genannt wird. Mit dieser klebrigen Substanz werden Waben dünn überzogen und desinfiziert.

Nahrung im Bienenvolk

Bienen sammeln zur Deckung ihres Nahrungsbedarfs Nektar und Honigtau, der zu Honig weiterverarbeitet wird, und Pollen. Beide Produkte werden an Pflanzen gesammelt.

Arbeiterinnen beim Wabenbau (li.).

Desinfektion des Rähmchens durch Wachs/Propolis-Überzug (re.).

▶ Grundsätzliches über Honig

Honig ist für die Bienen das „Hauptnahrungsmittel" zur Deckung der Energiestoffversorgung (Kohlenhydrate). Zugleich stellt er für den Menschen ein hochwertiges Nahrungsmittel dar.

Im Frühjahr und im Sommer ist die gesammelte Honigmenge in der Regel größer als der Eigenbedarf des Bienenvolks, so dass ein Honigvorrat in den Waben angelegt wird. Während Schlechtwetterperioden, trachtlosen Tagen und im Winter ernähren sich die Bienen von diesem Futtervorrat.

WAS ENTHÄLT HONIG? ▶   15–20 % Wasser, 38 % Fruchtzucker, 31 % Traubenzucker, 5–15 % Mehrfachzucker und 3 % Beistoffe (Enzyme, Vitamine, Mineralien, Hemmstoffe).

Bei den genannten Zahlenwerten handelt es sich um durchschnittliche Zahlen, die je nach Honigsorte unterschiedlich groß sind.

ENTSTEHUNG DES HONIGS ▶

1. Auf ihren Sammelflügen saugen bzw. lecken Bienen den flüssigen, zuckerhaltigen Nektar direkt an den Nektardrüsen (Nektarien) der Blüten und an anderen Pflanzenteilen auf (A). Neben Nektar sammeln Bienen auch den sog. Honigtau, der von Pflanzensaft-saugenden Insekten, wie z. B. Schild- und Blattläusen, produziert wird: Diese Insekten nehmen den stark zuckerhaltigen Pflanzensaft (Siebröhrensaft) auf, von dem sie nur einen Bruchteil der Zucker selbst verwerten. Die Ausscheidungsprodukte enthalten daher zu einem hohen Prozentsatz pflanzliche Zucker, die von den Bienen aufgenommen werden (B).

2. Das Sammelgut (Nektar und Honigtau) gelangt über die Speiseröhre in den Honigmagen und verbleibt dort bis zur Rückkehr in den Bienenstock. Ein Ventil zwischen Honigmagen und dem eigentlichen Darm-Trakt verhindert die Vermischung des Sammelguts mit körpereigenen Verdauungsprodukten. Nur durch ein aktives Öffnen des Ventiltrichters kann die Biene etwas zur eigenen Ernährung vom Sammelgut abzweigen. Dem zukünftigen Honig werden von den Bienen enzymreiche Sekrete aus der Futtersaft- und den Mandibulardrüsen hinzugefügt. Die Enzyme spalten u. a. Mehrfachzucker in leichter verdauliche Einfachzucker.

3. Nach der Rückkehr in den Bienen-

stock wird das Sammelgut hervorge-
würgt und an Stockbienen (Futterab-
nehmerinnen) zur weiteren Verarbei-
tung abgegeben.

4. Die weitere Bearbeitung des Sammelguts durch die Bienen hat zum Ziel,
den Wassergehalt des Sammelgutes zu
senken, um die Gärung des Honigs zu
verhindern. Die Reduzierung des Wassergehalts erfolgt durch Verdunstung
bzw. „Lüften des Honigs", indem sie
den Honig als Tropfen auf dem Rüssel
der warmen, trockenen Luft im Bienenstock aussetzen. Während dieses Vor-
gangs werden dem Honig ständig Sekrete zugesetzt.

5. Im nächsten Arbeitsschritt wird der
Honig in leere Zellen gefüllt, in denen
er eine große Oberfläche bildet. Durch
Ventilation mit den Flügeln auf den
Waben und am Eingang des Bienen-
stockes wird die wasserhaltige Luft
nach außen gefächert. Sobald der Honig den lagerungsfähigen Zustand erreicht hat, versiegeln die Bienen die
Zellen mit Wachsdeckelchen. Für den
Imker ist dies ein Zeichen für die Ern-
tereife des Honigs. (Siehe Abb. rechts).

▸ Pollen (Blütenstaub) – die Eiweißquelle für Bienen

Der Pollen wird von spezialisierten
Necktarsammlerinnen an Blütenpflan-
zen gesammelt. Die Biene übernimmt
hierbei die Befruchtung der Pflanze
und sichert dadurch die Pflanzenver-

▸ Wichtig

Die Pollenkörner sind mikroskopisch
klein (ca. 2–200 μm) und haben je
nach Pflanzenart ein typisches Aussehen.

ENTSTEHUNG VON HONIG

1 | **Sammelflug der Bienen**

a **Blütennektar**

b **Honigtau**

2 | **Rückflug zum Bienenstock**

3 | **Futteraustausch**

4 | **Trocknen des Honigs**

5 | **Trocknung und Einlagerung des Honigs in der Wabe**

mehrung über Samen- und Fruchtbildung. Gleichzeitig erhält sie mit den Pollen einen Nährstoff, der rund 30 % Eiweiß, rund 5 % Fette, ca. 40 % Zucker sowie Mineralstoffe und Spurenelemente enthält.

POLLENSAMMELN ▶ Die Pollen bleiben beim Blütenbesuch an den Haaren der Biene hängen. Während des Fluges von Blüte zu Blüte wird der Pollen mit Nektar und Speichel angefeuchtet und mit Hilfe der Vorder- und Mittelbeine zu den Hinterbeinen transportiert. Die bürstenförmige Behaarung (Fersenbürsten) an den Hinterbeinen erlauben der Biene auch das Kämmen des Pollens aus dem Haarkleid. Teilweise sehen die Bienen wie gepudert aus, wenn sie Pollen sammeln.

Letztendlich bildet sich an jedem Hinterbein ein Pollenklümpchen, das durch die Form und Borsten der Beine optimal gehalten wird (Pollenhöschen). Ein Höschenpaar wiegt 20 mg – jährlich benötigt ein Volk für Brutaufzucht und Eiweißbedarf der erwachsenen Bienen ca. 20–60 kg Pollen.

Der Pollen wird von der Pollensammlerin selbstständig in Zellen rund um das Brutnest und in äußere Wabenbereiche gebracht.

Junge Arbeiterinnen stampfen den Pollen in die Pollenzellen. Wenn junge Stockbienen (Ammenbienen) Pollen fressen möchten, bedienen sie sich direkt an diesen Pollenzellen. Zur besseren Konservierung überziehen die Bienen die Pollenzellen im Spätsommer mit einer Schicht Honig. Man spricht hier auch vom „Bienenbrot".

POLLENVERSORGUNG ▶ VON DER OHE (Bieneninstitut Celle) beschreibt die Verkettung der Bienengenerationen, die in jedem Bienenvolk sehr stark von der Pollenversorgung abhängt:

„Genauso wichtig wie ein reichliches Pollenangebot ist für die Amme, dass sie als Larve eiweißreichen Futtersaft bekommen hat, so dass sie als erwachsene Biene auf diese Vorräte in ihrem Fettkörper zurückgreifen kann. Die Versorgung einer Larvengeneration ist nicht nur abhängig von der Ernährung ihrer Ammen (Pollenversorgung der Ammen), sondern auch von der Versorgung dieser Ammen zu ihrer Larvenzeit und damit von dem Entwicklungsstand der vorhergehenden Ammengeneration. Daraus ist der Schluss zu ziehen, dass ein kontinuierlicher Polleneintrag für das Bienenvolk notwendig ist.

Die Pollenversorgung hat auch entscheidende Auswirkungen auf die Legeleistung der Königin: Die Königin wird fast ausschließlich mit Futtersaft versorgt. Wird eine Königin von ihren Ammenbienen (Hofstaat) auf Grund von Pollenmangel und/oder ungenügend entwickelten Futtersaftdrüsen der Ammenbienen schlecht versorgt, kann es zum Eierstockschwund kommen (reduzierte Eiablage).

Ankommende Sammlerinnen mit leuchtenden Pollenhöschen.

Es gibt keine geeigneten Pollenersatzstoffe, die Pollen in der Ernährung der Bienen auch nur annäherungsweise ersetzen könnten. Daher muss im Bereich eines Bienenstandes während der gesamten Bienensaison ein gutes Pollenangebot für ein Bienenvolk vorliegen", (Pollenspender siehe S. 22).

Die jungen Larven „schwimmen" im Futtersaft.

> ### Wichtig
>
> Bienen, die vom Spätsommer bis zum Frühjahr leben (Winterbienen), nehmen viel Pollen auf. Der „Winterspeck" ist nichts anderes als ein gut gefüllter Fettkörper!

▸ Futtersaft und Gelee Royale

Die Larven der drei Bienenwesen erhalten in den ersten drei Tagen ausschließlich Futtersaft. Die Königin bekommt diese von den Ammenbienen produzierte Nahrung in ihrer gesamten Larvenzeit bis zur Verdeckelung der Zelle. Arbeiterin und Drohn werden ab dem dritten Tag mit einem Gemisch aus Futtersaft, Honig und Pollen gefüttert, bis auch ihre Brutzellen verdeckt werden. Die Königin ist die einzige Biene im Volk, die auch nach Schlupf in ihrem erwachsenen Leben den konzentrierten Futtersaft bekommt. Ihr Futter wird auch Gelee Royale oder Weiselfuttersaft genannt.

Nach neueren Untersuchungen erhalten auch Flugbienen noch von Zeit zu Zeit geringe Mengen Futtersaft. Ihr erhöhter Eiweißbedarf ergibt sich durch die starke Muskelaktivität beim Fliegen.

▸ Die Verständigung der Bienen

Ein komplexer Staat, wie ihn die Bienen bilden, erfordert die Fähigkeit der „Mitglieder", sich untereinander zu verständigen. Dazu haben die Bienen im Laufe der Evolution verschiedene Systeme entwickelt:

1. Die Königin gibt Duftstoffe ab, um ihre Anwesenheit im Bienenvolk zu signalisieren. Außerdem wird hierdurch die Eiproduktion bei den Arbeiterinnen unterdrückt!

2. Arbeiterinnen markieren den Tanzbereich mit Duftstoffen auf der Wabe oder verbreiten Düfte auf dem Flugbrett, insbesondere bei Störungen (Alarmpheromone).

Eichelförmige Königinzellen.

Die Tanzfigur mit Informationen über die Lage der Futterquelle.

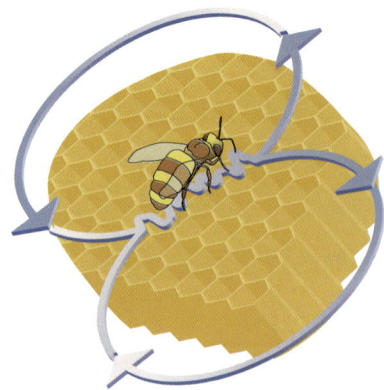

3. Schwingungen in Form von Schallwellen oder die Vibration von Waben: Eine junge Königin signalisiert nach dem Schlupf aus ihrer Königinzelle ihre „baldige Ankunft" im Bienenstock durch Vibrationen, die auch der Imker als „Tüten" wahrnimmt. Die Königinnen in den Zellen antworten mit einem „Quaken". Die Tiere erzeugen die Schwingungen durch Körperbewegungen in Kontakt mit den Zellen bzw. Waben. Die Bienen nehmen die Vibration wahr – kein Hören.

4. In einer vorgegebenen Tanzfigur, einer Acht beim Schwänzeltanz, wird die Lage der Nahrungsquelle im Bezug zum Bienenstock (Richtung und Entfernung) und der Sonne wiedergegeben. Die tanzende Arbeiterin kann die Lage der Tanzfigur auf der Wabe und die Tanzgeschwindigkeit variieren. Der kreisförmige Rundtanz gibt dagegen keine Richtung, nur eine attraktive Nahrungsquelle im Umkreis von ca. 100 m an.

▶ Steuerung der Arbeiten im Bienenvolk

Viele Arbeitsabläufe werden in der jeweiligen Biene über Hormone gesteuert. Die Anzahl von unterschiedlichen Vätern führt dazu, dass sich die Arbeiterinnen genetisch und somit auch in der Arbeitsteilung unterscheiden (Halb- und Superschwestern). Die Sammelaktivität ist jedoch gleichzeitig auch von äußeren Bedingungen (Außentemperatur, Wind) und dem Vorhandensein von Stauraum (leere Zellen in den Waben) abhängig. Fehlt es an Stauraum, dann können Stockbienen den heimkehrenden Sammlerinnen nicht das Futter abnehmen. Somit können die Sammlerinnen nicht erneut ausfliegen, sondern müssen warten bis neue Waben gebaut werden.

Sie erahnen, wie komplex die Zusammenhänge sind. Im Buch von THOMAS SEELEY finden Sie spannende Versuche und Folgerungen (siehe S. 116).

Bienenprodukte für den Menschen

▶ Honig

Er ist zweifelsohne das süßeste und leckerste Produkt aus dem Bienenvolk. Die Nutzung als Brotaufstrich oder zum Süßen der Nahrung ist vielen Menschen bekannt. Früher und auch teilweise noch heute wird Honig in der Volksmedizin innerlich und äußerlich angewendet. Dies spricht für seine wertvollen Inhaltsstoffe.

Diabetiker sollten ihren Arzt befragen, inwieweit sie Honig verzehren können. Häufig gibt es hier Einschränkungen.

▶ Pollen

Er wird im Handel in getrockneter Form angeboten und von Fachleuten als gesundheitsfördernd eingestuft. Die meisten Imker verzichten auf eine eige-

Produkte aus dem Bienenvolk. Getrockneter Pollen (li.), Hautcreme mit Gelée royale (mi.), Rohpropolis (re.).

ne Pollenproduktion, denn die Pollenfalle (in einem Gitter am Flugloch streifen die Bienen ihre Pollenhöschen ab) verhindert, dass das Volk für den Eigengebrauch ausreichend Pollen erhält. Dagegen ist es „unschädlich", den Pollen aus Waben zu kratzen, die in jedem Fall eingeschmolzen werden.

▶ Königinfuttersaft (Gelee Royal)

Er ist in der Heilkunde sehr bekannt. Die „Eigenproduktion" ohne zusätzlichen Aufwand entsteht bei der Schwarmverhinderung: Ausgebrochene Königinnenzellen können nach der Entfernung der Larve ausgeleckt werden. Glaubt man Erfahrungsberichten und Büchern, so ist dies gesund und energiebringend. Die Großproduktion lässt sich nur von erfahrenen Imkern leisten (Arbeitsaufwand).

▶ Kittharz (Propolis)

Es ist der komplexeste Wirkstoff als Heilmittel aus dem Bienenvolk. Sie finden in der Literatur eine Vielzahl an Rezepten und Verwendungsvorschlägen auf Grund seiner antiseptischen und entzündungshemmenden Wirkung. Jeder Imker kann die Propolis durch Auskratzen von Bienenkästen gewinnen –

der Verkauf als „Heilmittel" muss unterbleiben, da die Bezeichnung heilend oder gar Arznei verboten ist. Jeder Anwender sollte vorsichtig mit diesem hochwirksamen Naturstoff umgehen und vor Selbsttests einen Arzt oder Heilpraktiker befragen. Die Verwendung als Holzfarbstoff ist dagegen völlig unbedenklich.

▶ Wachs

Es wird beim Verzehr von Wabenhonig mitgekaut und kann auch mit verdaut werden. Wachs schmeckt wie Naturkaugummi. Es wird in der Naturmedizin wegen seiner antiseptischen und entzündungshemmenden Wirkung äußerlich und innerlich empfohlen.

▶ Bienengift

Dies erhält der Imker zwangsläufig, denn ein Stich lässt sich irgendwann kaum vermeiden. Sofern Sie nicht Allergiker sind (Verhalten bei Bienenstichen, siehe S. 18), entfaltet das Bienengift auch seine heilsame Wirkung bei Ihnen (u. a. Senkung des Blutdrucks, cholesterinsenkend, antirheumatisch). Heilpraktiker und Ärzte verwenden Bienengift in Form von Injektionen oder Salben.

ENTSTEHUNG VON PROPOLIS

1 Sammelflug der Bienen

Propolis 'Höschen' am Hinterbein

Harz an der Knospe

2 Rückflug zum Bienenstock

3 Abnagen des Propolis 'Höschens'

4 Desinfektion von Waben und Abdichten von Ritzen

BIENENSTICH ▶ Neben dem Schmerz durch den Stachel verursacht das Bienengift eine (z. T. lästige) Schwellung. Insektenstichsalben oder kaltes Wasser können abschwellend wirken. Schieben Sie möglichst schnell den Stachel mit dem Fingernagel aus der Haut heraus. Je nach Körperbereich sind manchmal die Stiche problematisch (Nase, Lippe, rund ums Auge). Bei Stichen im Mundraum (Eis kühlen) oder im Auge sofort den Arzt aufsuchen. Bienengiftallergiker reagieren viel intensiver bis gar dramatisch, so dass mit Calciumlösung oder Antihistamin eine Überreaktion des Körpers gebremst werden muss. Für Bienenstände mit viel Publikumsverkehr (Lehr- oder Schulbienenstand) empfiehlt sich ein Not-Set (Apotheke oder Beratung durch den Arzt), ein Handy und eine Absprache mit den niedergelassenen Ärzten in der unmittelbaren Umgebung über eine eventuelle Notsituation. (Ein Teil der im Buch abgebildeten ImkerInnen sind Bienengiftallergiker.)

▶ **Vorsicht bei Bienenprodukten**

▶ Vergewissern Sie sich, dass Sie nicht allergisch sind. Besonders bei Bienengift, Propolis und Pollen.

▶ Beginnen Sie mit kleinen Dosierungen. Steigern Sie nur langsam!

▶ Die Herstellung der Produkte sollte in einer Imkerei erfolgen, die zur Bekämpfung der Varroa-Milbe nur organische Säuren verwendet. Besonders in Propolis und Wachs sammeln sich Wirkstoffe anderer Behandlungsmittel und werden mitverzehrt.

▶ Verwenden Sie nur saubere Produkte, denn Verunreinigungen können zu nicht kalkulierbaren Nebenwirkungen führen.

Moderne Bienenhaltung

Moderne Bienenhaltung

Bienenkauf und Standort

ZÜCHTER UND PRIVATE IMKER ▶
Viele Imker bilden mehr Jungvölker
(Ableger) als sie für ihre eigene Imkerei
benötigen und bieten diese zum Verkauf an. Beim Kauf erhalten Sie meist
auch noch wichtige Tipps und Informationen über die Eigenschaften der Bienen. Die Anschrift der örtlichen Imkervereine erfahren Sie beim Imkerver-
band oder im Imkerbedarfsladen (siehe
Branchenverzeichnis oder Internet).
Imker und Züchter annoncieren auch
in den Imkerzeitschriften.

FEUERWEHR ▶ In vielen Städten
fängt die Feuerwehr nicht mehr Bie-
nenschwärme ein, sondern lässt dies
durch Imker erledigen. Sie können sich
als „Einfänger" vormerken lassen oder
einen befreundeten Imkerkollegen da-
rum bitten.

Niemand kennt in der Regel die Eigenschaften dieser Bienen und ihren
Gesundheitszustand (siehe S. 92 ff.).
Sehr kleine und auch späte Schwärme
müssen evtl. mit größeren Völkern vereinigt werden. Um dies abschätzen zu
können, sind Sie auf einen erfahrenen
Imker angewiesen.

▶ Welche Biene –
welche Bienenrasse?

In Europa ist die westliche Honigbiene *Apis mellifera* verbreitet. In
Deutschland und Österreich ist die *Car-*
nica-Rasse am häufigsten verbreitet
und durch Zucht und Selektion zu einer sanftmütigen, fleißigen Biene geworden. Sie finden aber auch Imker
mit anderen Rassen, wie z. B. der Italie-
nischen (*Apis mellifera ligustica*). Diese
zeigt ein anderes „Temperament" und
Brutverhalten. Prinzipiell sollte man
die regional übliche Rasse verwenden.
Auskunft erteilen Ihnen die Bieneninsti-
stitute, Verbände oder Imker vor Ort.

▶ Nahrungsangebot und Standort

Ihre Bienen können selbstverständlich nur leben (und für Sie Honig sammeln), wenn das Nahrungsangebot
vom Frühjahr bis zum Herbst ausreichend ist. Machen Sie sich deshalb die
Mühe und sehen Sie sich im Umkreis
von 3–4 km vom beabsichtigten Standort genauer um. Bestimmen Sie mit
entsprechender Fachliteratur das Pflan-
zenangebot. Kleingärten, Friedhöfe,
Parks, Obstgärten und Baumalleen
können je nach Bepflanzung einen ausreichenden Ertrag in Aussicht stellen.

Die Nahrungsbedingungen sind in
(Groß-)Städten häufig günstiger als auf
dem Lande, wenn dort nur Getreide an-
gebaut ist. Besonders wünschenswert
sind Löwenzahn- und Kleewiesen, Lin-
denalleen, Raps- und Phaceliafelder sowie blühende Brachflächen und Weg-
ränder.

Sollte dies nicht der Fall sein, dann
müssen Sie in der Zeit, in der ein Futtermangel entsteht (Trachtlücke), mit Ihren

▶ Tipps zum Bienenkauf

☐ Bestehen Sie auf die Vorlage eines amtlichen Gesundheitszeugnisses, aus dem hervorgeht, dass die Bienen gesund und frei von der Amerikanischen Faulbrut sind – dies gilt auch für einen „befreundeten Imker"!

☐ Der Verkäufer sollte darlegen, wie der Befall mit Varroa-Milben einzuschätzen ist.

☐ Die Bienenwaben sollten genau das Wabenmaß haben, das Sie in Ihrer Imkerei verwenden möchten.

☐ Die Bienenwaben sollten möglichst hell sein (siehe S. 39).

☐ Das Bienenvolk sollte kräftig erscheinen und sich der Jahreszeit entsprechend entwickelt haben. Hierbei hilft Ihnen die Beratung durch einen Imkerkollegen.

☐ Erfragen Sie unbedingt, wie alt die Königin ist. Evtl. ist sie mit einem Farbplättchen markiert worden, das auf das Alter hinweist (vgl. S. 57). Die Königin sollte möglichst jung, keinesfalls älter als zwei Jahre sein. Besonders teure („edle" oder gar künstlich besamte) Königinnen lohnen für Anfänger nicht, da sie anfangs schnell aus Versehen getötet, z. B. zerdrückt, werden.

☐ Angestrebte Eigenschaften der Bienen, z. B. Sanftmut (siehe „Zuchtziele" S. 58).

☐ Von Bienenimporten aus Übersee oder weiter entfernt gelegenen Ländern ist abzuraten, da neue oder aggressivere Bienenkrankheiten eingeschleppt werden können. „Einheimische" Bienen sind zudem auch besser an das Klima angepasst.

Bienen wandern oder die Völker füttern. Die Nutzungs- und Stilllegungsflächen als Bienenweide sind ein Weg zur Verbesserung der Trachtverhältnisse, vielleicht haben Sie die Möglichkeit, mit einem Ihnen bekannten Landwirt zu kooperieren. Ob das Nahrungsangebot vor Ort ausreicht, kann Ihnen auch ein Imker in der Nähe erzählen – es sei denn, er hat Angst, Ihre Bienen fressen seinen die Nahrung weg (Imkerlatein).

▶ Übersicht über Nektar-, Honigtau- und Pollenlieferanten

Eine große Anzahl von Pflanzen werden von Honigbienen zum Sammeln angeflogen und erfolgreich besucht. Große Nektarmengen werden jedoch

nur an wenigen Pflanzensorten gesammelt – pro Volk können dies bei guten Bedingungen mehrere Kilogramm pro Tag sein. Hierfür muss das Wetter den Pflanzen das Wachstum ermöglichen (Temperatur, Feuchtigkeit) und den Bienen das Fliegen (mindestens 14–16 °C, kein Regen, nicht zu viel Wind).

Innerhalb einer Region können die Honigerträge an denselben Trachtpflanzen stark variieren. Dies lässt sich u. a. auf ein unterschiedliches Kleinklima, verschiedene Bodentypen aber auch abweichend optimale Aufstellungen der Bienen zurückführen: Eine Lindenallee garantiert noch längst keinen Honigertrag, wenn die Bäume unter Wassermangel leiden oder starker Regen die Blattläuse und damit den Honigtau von den Lindenblättern abgewaschen hat.

▸ **Haupttrachtpflanzen (nach Herold und Weiß)**

FRÜHJAHRSTRACHTPFLANZEN ▸ Weide, Kirsche, Apfel- und Birnbäume, Pflaume, Johannis-, Stachel- und Himbeere, Löwenzahn, Raps.

SOMMERTRACHTPFLANZEN ▸ Robinie, Kastanie, Linde, Faulbaum, Klee, Senf, Phacelia, Luzerne, Bärenklau, Heide, Brombeere.

HONIGTAULIEFERANTEN (BEI OPTIMALEN BEDINGUNGEN) ▸ Fichte, Tanne, Kiefer, Ahorn, Linde und Eiche.

Andere Pflanzen können ebenfalls stark von Läusen befallen sein und somit Honigtau liefern (siehe S. 12).

Nektar- und Pollenlieferanten der Bienen. Honigtau an Linde und Fichte (unten li., re.).

▶ **Wasser**

Neben Pollen (Eiweißnahrung) und Nektar brauchen Ihre Bienen immer Zugang zu Wasser (Feuchtwiese, Teich o. Ä.) – vor allem im zeitigen Frühjahr. Die Bienen sollten möglichst an „natürlichen" Wasserquellen wie einem Teich oder einer Regentonne mit Schwimmer im nahen Umkreis Wasser sammeln können. Ansonsten sollten Sie eine Wasserstelle möglichst sonnenbeschienen aufstellen – dem Basteltrieb sind keine Grenzen gesetzt. Falls ein benachbarter Swimmingpool angeflogen wird, kann es zu nachbarlichen Spannungen kommen. Gerade in diesen Fällen ist eine eigene Wasserstelle sinnvoll!

▶ **Standortbedingungen**

Die Bienen sollten wind- und regengeschützt aufgestellt werden. Bienen lieben die Sonne: Je eher morgens Sonnenlicht auf die Fluglöcher fällt, desto früher sind die Tiere aktiv! Vermeiden Sie einen feuchten (Tal-Lage mit Gewässer/Bach) oder windigen Standort. Wind kann durch geeignete Bepflanzung abgemildert werden. Hochspannungsleitungen verursachen meist keine größeren Probleme, befahrene Gleise sollten wegen der Erschütterungen mindestens 20–30 m (testen!) entfernt sein.

Probleme mit Nachbarn vermeiden Sie, indem Sie ausreichend Abstand zum Nachbargrundstück lassen, so dass Ihnen die Aufstellung von Bienen nicht verwehrt werden kann. Sie sollten die Bienen durch eine Hecke vom Nachbargrundstück abschirmen bzw. hierdurch erzwingen, von einer größeren Flughöhe (mindestens 2 m) einzuschweben, um Kollisionen mit Menschen zu verhindern.

Bedenken Sie, dass der An- und Abtransport von Honigwaben, Futter oder kompletten Völkern möglich sein sollte. Für manche Arbeiten benötigen Sie für einige Wochen einen zweiten Bienenstand. Ich nutze hierfür die Gärten von Freunden, die gerne mal Bienen in ihrem Garten haben möchten. Möglich ist auch die Kooperation mit anderen Imkern.

Vermutlich machen Sie sich in Sachen „Sicherheit" Gedanken. Egal, ob Sie nun eigene Kinder haben oder Ihre Nachbarn Bedenken äußern: Ein Bienenstand stellt keine Gefahr für Mitmenschen dar, denn heutige Bienen sind dank der Zucht äußerst friedlich.

Bienentränke Regentonne mit „Insel".

Freiaufstellung (li.) sowie kleines Bienenhaus (re.).

Tipps zur Vermeidung von Bienenstichen

☐ Direkt vor dem Flugloch in der Einflugschneise sollte sich niemand aufhalten. Parfüms oder Rasierwasser können die Bienen reizen!

☐ Wer die Bienen beobachten will, sollte sich ruhig verhalten und nicht mit den Händen rumfuchteln oder nach Bienen schlagen.

☐ Bienen können sich leicht in den menschlichen Haaren verfangen. Eine Kopfbedeckung oder ein Bienenschleier verhindern dies.

☐ Die Sammlerin auf der Blüte ist völlig harmlos, es sei denn, Sie treten (barfuss) auf diese. Der Bienenstich ist dann ein verständlicher, wenn auch schmerzhafter Akt der Selbstverteidigung.

☐ Tiere, egal ob Nutz- oder Haustiere können ebenfalls gestochen werden, wenn sie Bienen bedrängen oder treten (ggf. Zaun aufstellen).

☐ Halten Sie für den „Notfall" eine Salbe gegen Insektenstiche bereit. Ein Glas Honig als „Entschädigung" ist sicher ein Anreiz, den Stich schneller zu vergessen.

► Freiaufstellung, Bienenfreistand oder Bienenhaus?

Wie Sie Ihre Bienen aufstellen, ist von dem Platzangebot für die Bienenkästen, den Lagerungsmöglichkeiten von Zubehör und der Größe Ihres Geldbeutels abhängig.

FREIAUFSTELLUNG ► Die Bienenkästen werden auf ein Gestell ohne Schutzwände gestellt. Nur wasserdichte Dächer schützen die Kästen vor Regen. Bei Kunststoff-Bienenkästen (siehe S. 31) sind noch nicht einmal Schutzdächer nötig.

Die Bienen sollten mindestens 30 cm über dem Erdboden stehen, damit sie vor Bodenkälte geschützt sind. Bei der Aufstellung von mehr als 6–8 Bienenvölkern sollten Sie 3er- oder 4er-Gruppen bilden, um den Verflug von Bienen einzuschränken.

BIENENFREISTAND ► Bei dieser Aufstellung stehen die Bienen in einem je nach Bauart mehr oder weniger geschlossenen Schutzkasten. Die Bienen (und die Kästen) sind nicht unmittelbar der Witterung ausgesetzt. Außerdem können Sie z. B. Arbeitskleidung und Werkzeug in dem Stand lagern. Sie brauchen kein Schreiner zu sein, um einen Bienenfreistand aus Fußbodenbrettern und Kanthölzern zusammenzubauen. Sie können den Stand auch als Wanderstand verwenden, wenn Sie die Wände nicht vernageln, sondern mit Schlossschrauben verbinden.

BIENENHAUS ► Das Bienenhaus ist zur Zeit aus der Mode gekommen, denn nicht jeder Imker hat ein großes Grundstück. Außerdem ist der finanzielle Aufwand zum Bau eines Bienenhauses erheblich höher als bei den beiden oben genannten Aufstellungsarten. Bevor Sie ein Bienenhaus bauen, sollten Sie sich mit dem Bauordnungsamt wegen einer Genehmigung in Verbindung setzen.

Die Aufteilung des Bienenhauses soll Ihnen ein angenehmes Arbeiten an den Bienen ermöglichen. Dazu gehört, dass die Bienen ohne Probleme wieder nach draußen fliegen können. Sie sollten vor allen Dingen für ausreichenden

Lichteinfall durch Fenster sorgen. Planen Sie Platz für einen Wabenschrank, leere Bienen- und Ablegerkästen, eine Arbeitsecke und einen Schleuderraum ein. Der Schleuderraum muss bienendicht verschließbar sein, damit Sie in Ruhe und mit Sauberkeit die Waben entdeckeln und den Honig schleudern können.

Es ist sehr hilfreich, wenn Sie sich andere Bienenhäuser ansehen, bevor Sie das Bienenhaus bauen.

Bienenfreistand (ob. li.), Schutzkasten für Golzbeute (ob. re.), kleines Bienenhaus (unt. li. u. re.).

Werkzeuge und Schutzkleidung des Imkers

Hier sind die wichtigsten Werkzeuge für das Arbeiten mit den Bienen aufgeführt. Spezialwerkzeuge werden in den entsprechenden Kapiteln, in denen sie gebraucht werden, näher erklärt.

STOCKMEISSEL ▶ Er ist das wichtigste Werkzeug zum Lösen von (durch Wachs und Kittharz) verklebten Waben und Zargen. Ersatzweise, aber meist viel schlechter, lässt sich ein Spachtel oder Schraubenzieher verwenden. Beim Kauf ist zu beachten, dass der Stockmeißel gut in der Hand liegt und auch bei anderen Arbeiten – wie Halten einer Wabe – dort bleiben kann. Von vielen Imkern wird der Wabenheber für anstrengend und unpraktisch gehalten.

Stockmeissel zum Wabenlösen (li.), Wabenheber (re.).

SMOKER ▶ Zu Beginn und während der Arbeit geben Sie vorsichtig ein oder zwei Rauchstöße auf die Waben. Das verhindert in der Regel Angriffe der Bienen auf den vermeintlichen Feind (Imker), erleichtert Ihnen das Arbeiten, da die Bienen sich zurückziehen.

Früher war die Imkerpfeife sehr verbreitet, heute sieht man sie viel seltener im Gebrauch. Ein Kugelventil soll verhindern, dass der Imker den Rauch einatmet statt ihn auf die Waben zu blasen.

Der Smoker erlaubt dagegen den Raucheinsatz ohne direkten körperlichen Kontakt, wie mit der Pfeife. Der Imker benötigt jedoch kurzfristig eine freie Hand, die den Blasebalg zum Erzeugen der Rauchstöße bedient und den Smoker zu den Waben führt. Geräte mit eingebautem Ventilator (Aufziehfeder oder elektrisch) sieht man nur sehr selten.

Als Imkertabak gibt es Heumischungen im Imkerbedarfsladen, Sie können auch selber Gräser, Rainfarn usw. trocknen. Trockene Baumrinde oder Weißtorf sind ebenso verwendbar. Im Handel gibt es auch Anzündermaterial, meist geht es jedoch schneller und geruchsärmer mit einem kleinen Gasbrenner.

> ### Wichtig

Der Smoker soll keine Glut speien, sondern einen weißen Rauch abgeben. Er soll auf keinen Fall in der Nähe brennbarer Materialien abgestellt werden und dort nach Abschluss der Arbeiten stehen bleiben.

Raucherzeuger: Imkerpfeife (li.) und Smoker (re.) im Einsatz.

Für kurze Kontrollen kann man auch einen Eierkarton im Smoker verbrennen.

WASSERSPRÜHER ▶ Einige Imker arbeiten besonders an heißen Tagen mit einem Wassersprüher, wie er auch im Pflanzenbedarf verwendet wird. Bienen mögen keinen „Regen" und ziehen sich in den Kasten zurück (nicht Honigwaben besprühen).

Den Wassersprüher benötigen Sie vor allem beim Einfangen von Schwärmen, zum Anfeuchten und zur Beruhigung der Bienen auf längeren Transporten.

GÄNSEFEDER, GÄNSEFLÜGEL ODER BIENENBESEN ▶ Beim Arbeiten mit Bienen benötigen Sie einen Gegenstand, um die Tierchen von Waben, Deckeln oder zu leerenden Bienenkästen zu fegen. Hierfür eignen sich die Naturprodukte Gänsefeder und Gänseflügel hervorragend. Beim Abfegen der Schwarmtraube können Sie unbedenk-

lich mit dem Gänseflügel in die Traube hineinstechen und sie abfegen. Beim Abfegen von Waben reicht auch eine Feder. Beim Bienenbesen besteht je nach Ausführung (!) evtl. die Gefahr, dass sich Bienen in den Borsten des Besens verfangen und hierdurch aggressiv werden. Besen, Flügel und Feder regelmäßig waschen, besonders wenn sie durch Honig verschmiert sind.

> **TIPP**
> *Bei allen Arbeiten an den Bienen benötigen Sie Geräte, die Sie in einem Korb oder Kunststoffcontainer griffbereit lagern können.*

WABENBOCK ▶ Zum Arbeiten im Bienenkasten brauchen Sie Platz. Deshalb hängen Sie am besten die ersten 1–3 Waben in den Wabenbock. Ersatzweise können Sie auch z. B. einen Ablegerkasten verwenden.

Viele Imker verzichten ganz auf derartige Geräte und stellen die erste her-

Wabenbock zum Abstellen von Waben.

Zwei unterschiedliche Schleiertypen.

ausgenommene Wabe schräg an den Bienenkasten. Dies ist nicht ungefährlich: Bienen können ins Gras fallen oder beim Umfallen der Wabe zerdrückt werden – dies ist besonders schlimm, wenn dort die Königin saß!

▸ Arbeits- und Schutzkleidung

Tragen Sie glatte Kleidung (keine Wolle), damit sich die Bienen nicht in den Textilien verfangen können. Die Farbe der Kleidung sollte die Bienen nicht unnötig reizen: Weiß ist optimal – Schwarz reizt und macht Bienen aggressiv. Je „bienendichter" die Kleidung ist, desto weniger Besuch von Bienen haben Sie!

SCHLEIER/HANDSCHUHE UND SCHUHE ▸ Als Anfänger haben Sie sicherlich nicht die Ruhe zum Arbei-

ten, wenn Bienen auf Ihren Händen oder in Ihrem Gesicht sitzen. Eine Überreaktion könnte das Fallenlassen einer Wabe zur Folge haben. Davon werden weder Sie noch die Bienen ruhiger. Deshalb sollten Sie am Anfang stets mit einem Schleier und evtl. auch mit (dünnen) Handschuhen arbeiten – ignorieren Sie den Spott von Imkerkollegen. Es kommt auf den Umgang mit den Bienen an, und dass Sie sich als Imker wohlfühlen. Vielleicht werden Sie später auf einen Teil der Schutzkleidung verzichten.

Als Brillenträger haben Sie vielleicht schon festgestellt, dass sich Insekten gerne hinter den Brillengläsern aufhalten. Wahrscheinlich werden die Tiere von Lichtreflexionen angezogen. Da ein Bienenstich im Auge sehr gefährlich sein kann, ist gerade bei bebrillten Anfängern ein Schleier sinnvoll. Später haben Sie vielleicht gelernt, wie Sie mit „brenzligen" Situationen umgehen können.

Das Sehen mit einem Schleier ist sehr gewöhnungsbedürftig, da die Gaze anfangs die Sicht behindert. Probieren Sie im Imkerbedarfshandel unterschiedliche Typen von Schleiern aus, am besten bei Tageslicht und beim Betrachten von kleineren Gegenständen, die Sie wie eine Wabe halten. Der Abstand Auge/Gaze ist sehr unterschiedlich, aber auch sehr entscheidend.

Um mit Handschuhen noch ausreichend Gespür für die Bewegungen zu haben, empfehle ich dünne Haushaltshandschuhe aus Gummi. Drücken Sie versehentlich eine Biene, dann merken Sie noch den Stich, aber die Hautstelle wird meist nicht dick. So lernen Sie, dass Sie etwas ändern und keine Bienen drücken sollten. Honigverklebte

Haushaltshandschuhe lassen sich gut mit Wasser abspülen. Lederhandschuhe werden hierdurch und von Kittharz fest und unbrauchbar – außerdem spürt man kaum etwas.

Tragen Sie eine lange Hose und festes Schuhwerk. Sehr praktisch ist ein Overall, der Ihre Kleidung auch vor Wachsteilchen, Kittharz und Honigtropfen schützt (z. T. mit integriertem Schleier erhältlich). Sie werden schnell merken, dass Bienen am liebsten vom Fuß her im Hosenbein aufwärts klettern! Dies lässt sich durch Strümpfe oder Gummibänder verhindern.

▸ Anschaffung von Ausrüstungsgegenständen

Bevor Sie im Imkerbedarfsladen, über Versandhandel oder Internet Gegenstände kaufen, sollten Sie sich bei Imkerkollegen kundig machen. Manche Geräte wie z. B. die Honigschleuder lassen sich im ersten Jahr mitbenutzen oder ausleihen.

Wer das Imkern als Hobby betreibt, braucht meist nicht betriebswirtschaftlich denken und handeln. Im Vergleich zu anderen Freizeitaktivitäten wird durch die Honig- und Wachsproduktion etwas Geld wieder zurück in die Kasse fließen. Für manchen Traum muss auch ein Hobby-Imker länger sparen – und dann steht die nagelneue 4-Waben-Selbstwendeschleuder aus Edelstahl mit Elektromotor im Schleuderraum ...

PLATZBEDARF FÜR GERÄTE ▸ Auch eine Stadtwohnung ohne zusätzliche Räumlichkeiten erlaubt das Imkern: Das Honigschleudern erfolgt dann in der Küche, Imkermaterial wird im Keller oder am Bienenstand gelagert.

▸ Grundausrüstung zum Imkern

☐ Arbeitskleidung: (Imker-)Jacke, Hose, Schuhe, Schleier, Haushalts- bzw. Imkerhandschuhe

☐ Stockmeißel

☐ Gänsefeder, -flügel oder Bienenbesen

☐ Smoker, Brennmaterial, Anzünder, Streichhölzer oder Feuerzeug

☐ Sprühflasche mit Wasser

☐ Königinnen-Clip und Königinnen-Käfig (siehe S. 56 ff.)

☐ Schraubdeckelglas mit Futterteig zum Verschluss von Käfigen (siehe S. 59)

☐ Rolle Wabendraht

☐ Wabenbock, falls vorhanden

☐ Behälter mit Wasser zum Händewaschen, falls am Bienenhaus nicht vorhanden

☐ Salbe gegen Bienengift (siehe S. 18)

☐ Garten- oder Bienenhausschlüssel

Bienenwohnungen – früher und heute

Bienen stellen Ansprüche an ihre Bienenwohnung – und dies schon seit Millionen von Jahren bevor es Imker gab: Die Bienenwohnung soll Schutz vor Regen und Kälte bieten, wie z. B. der Hohlraum einer unbewohnten Spechthöhle in einem Baum. Ein- und Ausgang sind

Klotzbeute mit Flugloch (Mund) und Hintertür.

Kontrolle eines Bienenkorbs.

2-etagiger Hinterbehandlungskasten.

Golzbeute mit Zwei-Reihen-Waben.

Magazinbeute mit stapelbaren Etagen (Zargen).

dann automatisch vorhanden. Der Platzbedarf beträgt in der Natur mindestens 25 Liter Volumen. Ein großer Eingriff des Menschen war die Ansiedlung der Bienen in abgesägten und ausgehöhlten Baumstämmen (Klotzbeuten). Werden in dem Hohlraum den Bienen zum Wabenbau Holzrähmchen angeboten, kann der Imker die Waben aus der Beute herausnehmen. Die Waben sind hierdurch beweglich (mobil) – man spricht von Mobilbau. Demgegenüber waren die Waben in der Klotzbeute oder dem Bienenkorb fest verankert. Zur Ernte wurden die Waben herausgeschnitten.

Die Vielfalt an Bienenwohnungen ist in Europa sehr groß. Während Hinterbehandlungsbeuten (von hinten zu bearbeiten) oder Auszugsbeuten seltener zu finden sind, ist die Magazinbeute am meisten verbreitet.

Die Längslagerbeute (Golzbeute) erlaubt die Bearbeitung aller Waben auf einer Ebene – der Raum lässt sich jedoch nicht weiter ergänzen. Die Trogbeute ist eine Längslagerbeute mit einem großen (Brut-)Raum und aufsetzbaren Honigräumen. Die Magazinbeute dagegen besteht nur noch aus stapelbaren Einheiten; Etagen (Magazine oder Zargen) für Waben zum Brüten (Bruträume) und für Honig (Honigräume).

Ich habe mich in diesem Buch für Magazinbeuten entschieden, da diese Beuten die Mehrheit darstellen. Bei der Verwendung von anderen Beutentypen muss der Imker teilweise etwas umdenken, wenn er bestimmte Arbeitstechniken durchführen will.

Vor dem Beutenkauf gilt: Bienenstände und Bienenkästen anschauen und die eigenen Bedürfnisse berücksichtigen.

▶ Bienenbeute – Das Magazin

Die Ansprüche einer modernen Imkerei werden von den Magazinbeuten erfüllt. Das Magazin lässt sich an die Größe des Volkes anpassen; diese verändert sich im Verlauf eines Jahres. Die Verhinderung von Schwärmen und die Bildung von Jungvölkern (Ablegern) sind mit den flexibel handhabbaren Magazinen recht einfach möglich. Jeweils ca. 10–11 Rähmchen (je nach Hersteller unterschiedlich) hängen in einer Etage (Zarge). Man kann mehrere Zargen übereinander stellen und somit den Raum für die Bienen vergrößern (Frühjahr und Sommer). Das Magazin wird an der Unterseite von einem Boden abgeschlossen. Der moderne Boden enthält eine Gaze (Edelstahldraht) und eine ausziehbare Unterlage, auf der sich alle herunterfallenden Teilchen (siehe Varroa-Milben, S. 102) sammeln.

Ein großer Schlitz (z. T. in Höhe und Breite verstellbar) dient als Flugloch.

Viele Imker decken die oberste Zarge mit einer Folie ab, damit die Bienen keine Wachsbrücken zwischen den Waben und dem Deckel bauen. Außerdem kann man einen störungsfreien Blick auf das Volk werfen. Alternativ wird eine Gaze verwendet, die jedoch von den Bienen mit Kittharz (Propolis) verklebt wird. Gaze ist atmungsaktiver als die Folie. Der Deckel verschließt die Beute und schützt vor Kälte und Feuchtigkeit.

HOLZ-/KUNSTSTOFFBEUTEN ▶

Bienenbeuten sind in der Regel aus Holz gebaut. Seit einigen Jahren können Sie auch Kunststoffbeuten kaufen. Die Vorteile dieser Beuten liegen im geringeren Gewicht, in der Wetterfestigkeit und in der guten Wärmeisolation. Nachteilig ist die geringe Atmungsaktivität des Kunststoffs. Bei ungünstigem Raum/Bienen-Verhältnis können besonders im Frühjahr Waben leichter schimmeln. Diese Nachteile lassen sich aber durch Maßnahmen (z. B. optimale Raumanpassung, Lüftungsgitter im Boden) ausgleichen.

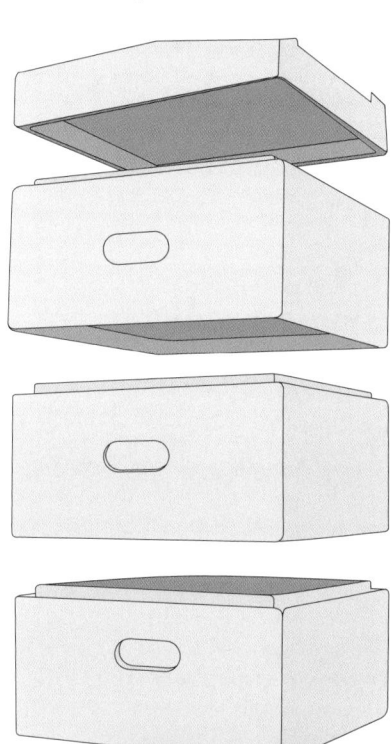

Magazinbeute. Im Beispiel werden auf dem Boden vier Zargen und ein Deckel gestapelt. Die Waben hängen in den Zargen.

**EINRÄUMIGER- ODER ZWEIRÄUMI-
GER BRUTRAUM** ▶ Es gibt unterschiedliche Wabenmaße. In Deutschland und einigen Nachbarländern ist
das Normalmaß, z. T. auch das Zandermaß stark verbreitet. Üblich sind dann
zwei übereinander liegende Zargen für
die Brutwaben. In anderen Ländern do-
minieren größere Wabenmaße, so dass
anstelle von zwei Zargen mit Brutwaben nur eine Zarge benötigt wird: Da-
dant- und Langstrothmaß. Das Brutnest wird nicht „geteilt" und ein Über-
blick über die gesamte Brutfläche ist
leichter möglich. Bei den großen Wa-
benmaßen werden für die Honigräume
meist ¹/₂ hohe Waben verwendet, damit
beim Aufsetzen das neue Raumvolu-
men nicht zu stark wächst. Zwei verschiedene Wabenmaße behindern jedoch den Austausch von Waben!

Auch für Normal- und Zandermaß
gibt es Halbzargen (¹/₂ hohe Zargen)
und Dickwaben. Letztere haben so tiefe
Zellen, dass die Königin (meist) keine
Stifte legen und deshalb auf ein Absperrgitter (siehe S. 44) verzichtet werden kann.

Lassen Sie sich hier von den unter-
schiedlichen Waben- und Zargen-
maßen nicht verwirren. Schauen Sie
sich um, was in Ihrer Region üblich ist.
Denken Sie an die Anschaffung von
Halbzargen und Dickwaben erst, wenn
Sie durch eigene Erfahrung Vor- und
Nachteile besser abwägen können.

Häufige Wabenmaße
Deutsch-Normalmaß 37 cm breit/22,3 cm hoch (Außenmaße)
Zander 42 cm breit/22 cm hoch
Kuntsch (Golzbeute) 25 cm breit/33 cm hoch
Dadant (Blatt) 43,5 cm breit/30 cm hoch
Dadant (modifiziert) 44,8 cm breit/28,5 cm hoch
Langstroth 44,8 cm breit/23,2 cm hoch

ANSTRICH DER BIENENBEUTEN ▶
Bienenkästen (besonders aus Holz)
sollten Sie mittels Farbanstrich vor Ver-
witterung schützen. Verwenden Sie dabei nur bienenfreundliche Farben (Imkerbedarfshandel). Durch verschiedene
Farben, besonders an den Böden/Flug-
brettern können Sie den Bienen die
Orientierung erleichtern und beugen
dem Verflug vor. Beuten immer nur
außen anstreichen!

Zu jedem Bienenkasten gehört eine
eindeutige Nummerierung, um z. B.
die Probennahme zur Untersuchung
von Futterkranzproben oder die Anwendung von Medikamenten gegen die
Varroa-Milben dokumentieren zu kön-

*Bienenkästen wer-
den nur von außen
angestrichen.*

nen. Der Amtstierarzt könnte das Fehlen bemängeln. Auch „alte Hasen" müssen hier umdenken!

Auch beim Wiederauffinden und Identifizieren gestohlener Völker kann die Kennzeichnung und Nummerierung hilfreich sein.

DIE STELLUNG DER WABEN ▶ In quadratischen Bienenbeuten können Sie die Waben quer (Querbau „Warmbau") oder längs (Längsbau „Kaltbau") zum Flugloch hängen. Es gibt bisher keine messbaren Vorteile für eine der Wabenstellungen; die Bienen entwickeln sich bei Quer- und Längsaufstellung der Waben gleich gut.

Bei der Kontrolle von Längsbauwaben ist ein Arm gestreckt, der andere gebeugt, und die Wirbelsäule/der Rücken wird stärker belastet. Diese Belastung ist während des Haltens von Querbauwaben erheblich geringer.

Wer die Kontrolle der Völker durch Ankippen durchführt, kann die Waben nur in Längsbau aufstellen (siehe S. 52). Ansonsten würden die Waben hin- und herschwanken und ggf. Bienen zerquetschen. Das Ankippen wird gerne von Imkern mit vielen Völkern zur Zeitersparnis gemacht. Anfänger sollten erst einmal jede Wabe ansehen, um sich ein detailliertes Bild von den Bienen machen zu können.

Die Umstellung von der Wabenrichtung kann bei vielen Magazin-Typen jederzeit geändert werden – probieren Sie es aus.

▶ **Rähmchen und Waben**

Der Imker lässt die Bienen ihre Waben in Rähmchen bauen, damit er sie einzeln kontrollieren oder schleudern kann.

Die Stabilität der Wabe wird durch eine Wachsplatte (Mittelwand) weiter erhöht. Diese wird an einem im Rähmchen gespannten Draht befestigt. Die Bienen bauen diese künstlich gegossene oder gewalzte Wachsplatte (100 % reines Bienenwachs) an beiden Seiten zur Wabe aus. Mittelwände gibt es für die unterschiedlichen Wabenmassen im Imkerbedarfshandel – sie können aber auch selber hergestellt werden (siehe S. 84).

Zwischen zwei Waben sollte immer ein Abstand von 10 mm sein (Wabengasse). Ist der Abstand kleiner, können die Bienen die Waben/Zellen nicht bearbeiten; ein größerer Abstand führt zu breiteren Waben oder Wildbau zwischen den Rähmchen. Da beides nicht erwünscht ist, wird der Abstand durch Abstandshalter (an den Rähmchen) gesichert. Diese sorgen für die richtige Tiefe der Wabengasse.

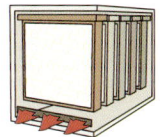

Wabenstellung zum Flugloch. Oben Kaltbau, unten Warmbau.

Rähmchenabstandshalter. Abstandsröllchen (li.), breite Seitenteile (re.).

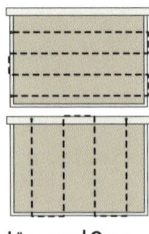

Längs- und Quer-
drahtung.

Der Oberträger bie-
tet Halt beim Tragen
der Wabe.

AUFBAU EINES RÄHMCHENS ▶
Das Rähmchen setzt sich aus dem
Oberträger, zwei Seitenteilen und dem
Unterteil zusammen. Mit den beiden
„Ohren" hängt es in der Zarge. Im
Handel sind die Rähmchen sowohl in
Teilen zum Selbstzusammenbauen als
auch komplett, teilweise sogar fertig ge-
bohrt erhältlich. Die Preise variieren je
nach Hersteller und Holzsorten: Bu-
chenteile sind härter als Kiefernleisten,
wodurch die Rähmchen stabiler sind.

BOHRLÖCHER ▶ Haben Sie vor, die
Locher für den Wabendraht in die
Ober- oder Unterträger zu stanzen,
dann ist der Kraftaufwand in den har-
ten Leisten höher als bei weichen. Wer
die Bohrmaschine, einen Akkuschrauber oder gar eine Mehrkopfbohrma-
schine verwendet, hat dieses Problem
nicht.

TIPP

*Die Löcher sollten einen Durchmes-
ser von 1,5 bis 2,0 mm haben. Für
das Bohren können Sie sich eine
Schablone (aus Holz oder Blech)
mit Markierungen für die Löcher
anfertigen.*

LÄNGS- ODER QUERDRAHTUNG? ▶
Bei fertig gebohrten Rähmchen ist häufig schon eine Rille für den Draht vor-

handen. Zweckmäßig ist es, den Draht
dann auch so zu führen.

Bei der Längsdrahtung können (wei-
che) Seitenteile stark nach innen gebo-
gen werden, was nachteilig ist. Dieser
Effekt tritt bei hochformatigen Waben
z. B. „Kuntsch hoch" stärker als bei
„Normal- oder Zandermaß" auf. Je
dichter die Drähte nebeneinander liegen, desto stabiler sind die Waben. 4–6
Drahtungen sind üblich.

**NÄGEL ZUM BEFESTIGEN DES WA-
BENDRAHTES ▶** Mit zwei möglichst
rostfreien Nägeln (z. B. 2 × 12 mm)
kann der Wabendraht – unter straffer
Spannung – befestigt werden. Es hat
sich als praktisch erwiesen, die Nägel
am Oberträger zu befestigen. Für die
Finger – zum Greifen der Waben – sollte jedoch ausreichend Platz sein (aus-
probieren!).

Die Nägel können normalerweise
ca. 4–5 mm herausstehen (Nachspannen des Drahtes). Verbreitet ist aber
auch das völlige Einschlagen der Nägel,
um den Draht länger straff halten zu
können.

**WABENDRAHT – STAHLDRAHT ODER
NIROSTADRAHT? ▶** Im Imkerbedarfsladen erhalten Sie beide Drahtsor-
ten. Als Entscheidungshilfe einige Fakten: Waben mit Stahldraht befestigt lassen sich leichter mit einem Messer ausschneiden (siehe S. 83). Verwenden Sie
jedoch einen Dampfwachsschmelzer für
komplette Waben, dann ist der Nirostadraht langlebiger. Auch die Varroabekämpfung mit Ameisensäure greift den
Stahldraht deutlich an (Rostbildung). Bei
der Reinigung mit Ätznatronlauge (siehe S. 100) ist der Nirostadraht langlebiger als Stahldraht. Dagegen kann man

sich beim Greifen der Waben an den Draht-enden beim steiferen Nirostadraht leichter verletzen als beim Stahldraht. Entscheiden Sie selbst – ggf. nach Diskussion mit Imkerkollegen.

> ### Ösen – oder nicht?
>
> Früher wurde jedes Loch mit einer Öse versehen, die in die Bohrung gedrückt wurde. Diese verhindert, dass der Draht in das Holz reißt – besonders in weiches Holz. Viele Imker stört das nicht.

EINZIEHEN UND SPANNEN DES DRAHTES ▶ Zur Erleichterung des Abrollens kann man die Drahtrolle auf einer Achse sich frei drehen lassen.

ARBEITSSCHRITTE

1. Ziehen Sie den Draht wie abgebildet durch die Bohrung des Rähmchens.
2. Wickeln Sie ein Drahtende um den dazugehörigen Nagel.
3. Straffen Sie den Draht; halten Sie mit dem Daumen an den Rähmchenleisten die Spannung, wenn Sie mit den Fingern umgreifen müssen.
4. Befestigen Sie das zweite Drahtende an dem anderen Nagel. Das Rähmchen ist jetzt fertig gedrahtet. Der Draht soll-

te so straff sein, dass man auf ihm „Gitarre" spielen könnte. Evtl. muss man den Draht erneut nachspannen. Zur Erleichterung des Nachspannens kann der Nachspanner verwendet werden.

> ### TIPP
>
> *Die Drahtung können Sie auch schon im Winter vorbereiten: Ziehen Sie den Draht in das Rähmchen und befestigen Sie schon ein Drahtende.*
>
> *Das Spannen sollte erst kurz vor dem Befestigen/Einlöten der Mittelwand erfolgen, da der Draht sich mit der Zeit wieder längt.*

EINLÖTEN DER MITTELWAND ▶ Zum Einlöten werden die Drahtenden mit einem Transformator verbunden. Der (Schwach-!)Strom erwärmt den Draht, und die Mittelwand backt an dem Draht an. Verwenden Sie nur Transformatoren, die eine Spannung von 12–24 Volt abgeben; arbeiten Sie nie direkt mit 220 Volt – dies ist lebensgefährlich.

Sie können ein Batterieladegerät für PKW, einen Spielzeugeisenbahntrafo, einen Einlöttransformator (Imkerzubehörhandel) oder eine Autobatterie (12 Volt; evtl. direkt am Auto) verwenden.

Arbeitsschritte (v.l.n.re.) Bohren, Draht einziehen, spannen und am Nagel befestigen.

Einlöten der Mittelwand mittels Trafo.

Rähmchen bohren, nageln, drahten

Neue Rähmchen

☐ Nägel zum Befestigen des Drahtes

☐ Abstandhalter (nicht für Rähmchen mit breiten Schenkeln: Hoffmann-Seitenteile)

☐ Rähmchenlocher (Stanze) oder Bohrmaschine/Akkubohrer mit 2,5 mm Bohrer (oder 1,5 mm, wenn keine Ösen verwendet werden)

☐ Hammer und Zange

☐ Bohrschablone (selber anfertigen)

☐ Wabendraht (Stahldraht oder Nirostadraht)

☐ Bei Bedarf Ösen

Mittelwand einlöten

☐ Jeweils eine Mittelwand pro Rähmchen

☐ Einlöttrafo

☐ Stromanschluss

ARBEITSSCHRITTE

1. Legen Sie das gedrahtete Rähmchen auf eine ebene Unterlage.
2. Legen Sie die Mittelwand auf den Draht, bündig am Rähmchenunterträger.
3. Verbinden Sie die Transformatorkabel mit den Nägeln (Drahtenden). Vorsichtig, der Draht wird heiß!
4. Unterbrechen Sie die Verbindung zum Transformator, sobald der Draht die Mitte der Mittelwand erreicht hat.

TYPISCHE FEHLER BEIM EINLÖTEN

1. Zu kurz eingelötet: Der Draht ist größtenteils noch außerhalb der Mittelwand. Noch einmal den Trafo für einen kurzen Moment anschließen.
2. Zu lange eingelötet: Die Mittelwand fällt durch den Wabendraht. Die Mittelwandstreifen lassen sich noch als Baustreifen oder für Kerzen verwenden.
3. Schief eingelötet oder an dem Oberträger anliegend eingelötet: Die Bienen haben hiermit keine Probleme. Üben Sie weiter.

SCHAUKASTEN ▶ Meist sind zwei bis drei Waben übereinander angeordnet und lassen sich dank der beidseitigen Glasscheiben vom Betrachter uneingeschränkt einsehen. So können die Bienen ohne Störungen beobachtet werden (z. B. Eiablage der Königin, Brutpflege und Bienentänze). Der Schaukasten wird mit einem kleinen Ableger oder Kunstschwarm besetzt und muss mehrmals durch Austausch von Brutwaben gegen Mittelwände geschröpft werden. Für den Besuch von Kindern empfiehlt sich die Aufstellung in Kinderhöhe.

Schaukasten mit Fanclub.

Arbeitsschritte am Bienenvolk

Die ersten eigenen Bienen

Jetzt geht es los! Hier noch eine Auflistung und Erinnerung, welche Vorbereitungen zu erfüllen sind:

Ein guter Zeitraum zum Aufstellen der Bienen ist von April bis Ende Juli. Später im Jahr ist der Transport ungünstig, denn die Bienensaison neigt sich bald dem Ende entgegen. Ab Oktober sitzen die Bienen in der Wintertraube.

Klärung, ob der Bienenstand in einem Schutzgebiet, einer Belegstelle oder einem Faulbrut-Sperrgebiet liegt (zuständiges Veterinäramt fragen).

Der Verkäufer der Bienen gibt Ihnen ein Gesundheitszeugnis mit, das Sie dem zuständigen Veterinäramt der Stadt oder des Kreises im Original und dem zuständigen Wanderwart in Kopie bei der Anmeldung Ihres Bienenstandes vorlegen. Die Mitgliedschaft im Imkerverein bietet Ihnen neben vielen anderen Vorteilen auch einen vielseitigen

Versicherungsschutz. (Die Landesverbände haben unterschiedliche Risiken versichert, z. B. Schadensansprüche von Nachbarn bei Bienenstichen.)

Anmeldung Ihrer Bienen beim Veterinäramt der Stadt/des Kreises, in dem der Bienenstand liegt.

▶ Transport und Eingewöhnung

Nach Beendigung des Bienenfluges wird ein Bienenvolk in den Garten einer Jungimkerin transportiert. Das Volk erhielt sie von einem Imker, der über 3 km entfernt wohnt – ein Zurückfliegen der Bienen zum alten Standort ist daher unwahrscheinlich.

ARBEITSSCHRITTE

1. Nach Beendigung des Bienenfluges wurde das Flugloch mit Schaumstoff verschlossen. Ein Spanngurt verhindert das Lösen von Zarge, Boden und Deckel.

2. Das Volk wird in ein Transportfahrzeug gesetzt. Zweckmäßig ist im Wagen als „Klebeschutz" das Auslegen von Zeitungspapier oder einer Gummimatte.

3. Dauert der Transport weniger als eine 1/2 Stunde bei Außentemperaturen unterhalb von 18 °C, kann auf zusätzliche Lüftungsgitter verzichtet werden.

4. Am Zielort sollte eine Stellfläche, möglichst 20–30 cm über dem Erdboden vorhanden sein.

5. Die Bienenbeute wird vorsichtig auf die Stellfläche gesetzt und das Flugloch geöffnet. Vorsicht: Die Bienen fliegen zum Licht (Taschenlampe).

Zum Transport verschlossenes Flugloch und Spanngurt (li). Nach Ankunft Öffnen des Fluglochs (re.).

Am nächsten Morgen fliegen sich die Bienen auf ihre neue Position ein und lernen dabei ihre nähere Umgebung kennen. Hierzu fliegen sie in konzentrischen Kreisen um ihren Bienenkasten und entfernen sich immer weiter davon. Anstrebenswert sind mind. 2–3 Völker in der Anfängerimkerei.

▶ Kleine „Waben-Kunde"

Bei Ihren ersten Kontrollen von Bienenvölkern lernen Sie die Waben „lesen". Was ist in welcher Wabe? Enthält sie Honig, Pollen oder Brut? Ist die Brut unverdeckelt oder verdeckelt?

Bei der Kontrolle Ihrer Völker hilft Ihnen ein (Nachbar-)Imker bestimmt weiter, wenn Sie die Situation im Bienenvolk entsprechend beurteilen wollen. Außerdem kann er mit seinem Erfahrungsschatz die oben genannten Gesichtspunkte benennen und Ihre Fragen beantworten.

OPTIMALE WITTERUNG FÜR ARBEITEN AN BIENENVÖLKERN ▶
- ▶ Im Normalfall mindestens 18 °C.
- ▶ Trocken, nicht windig!
- ▶ Wenn die Sonne scheint, sind die Sammelbienen unterwegs und der Kasten ist etwas leerer.
- ▶ Im Zeitraum von ca. Mitte Juli bis September die Kontrolle früh morgens oder vor dem Sonnenuntergang durchführen: verhindert Räuberei. Hierbei „stehlen" Bienen in schwachen Völkern den Honig. Das aggressive Verhalten ist am Flugloch zu beobachten (siehe S. 97).

MITTELWAND **Bisher nicht ausgebaute Wachsplatte mittels Draht im Rähmchen befestigt.**

LEERWABE **Die bebrüteten Zellen dieser Leerwabe sind von den zurückgelassenen Kokonhäutchen dunkel gefärbt.**

LEERWABE **(unbebrütet) Ältere Königinnen brüten sehr ungern auf mehrjährigen Jungfernwaben (unbebrütete Wabe).**

BRUTWABE MIT OFFENER BRUT **Wabe mit größtenteils Stiften und Larven. Die Ammenbienen füttern und pflegen die junge Brut.**

BRUTWABE MIT VERDECKELTER BRUT **Die Brutzellen sind mit einem Wachsdeckelchen verschlossen. Die Zelldeckel sind nach außen gewölbt, nicht löchrig und immer gleichmäßig.**

HALB HOHE DICKWABE Das Rähmchen ist ½ so hoch wie die Brutwaben. Die Zellen sind tiefer (länger).

AUSGESCHLEUDERTE HONIGWABE Die Wabe ist nach der Entdeckelung und Schleuderung noch leicht „beschädigt", sie wird von den Bienen repariert.

POLLENWABE Wabe mit überwiegend Pollen in den Zellen, steht meist außen am Brutnest.

HONIGWABE Zum Teil bereits verdeckelt mit ausschließlich Honig, selten im Honigraum mit Pollen und durch den Einsatz des Absperrgitters völlig frei von Bienenbrut.

▶ **Erste Kontrolle eines Volkes**

Im vorliegenden Beispiel wird ein zweizargiges Bienenvolk, bestehend aus zwei Brauträumen, kontrolliert.

VORBEREITUNG ▶ Entzünden Sie Eierkarton oder Anzünder im Smoker und überhäufen Sie diesen nach dem Anbrennen mit etwas Imkertabak. Mit einem Gasbrenner kann der Tabak auch direkt angezündet werden. Nach einer Weile muss Imkertabak (oder Eierkarton) nachgelegt werden. Alternativ kann z. B. nur Eierkarton für eine kurze Kontrolle verbrannt werden. Der Rauch sollte weiß sein – ohne Funkenflug!

ARBEITSSCHRITTE

1. Öffnen Sie den Deckel, ohne große Erschütterungen zu verursachen und legen ihn zur Seite.
2. Klappen Sie die durchsichtige Folie zurück und geben Sie 1–2 Rauchstöße auf die Waben. Fegen Sie mit der Feder die Bienen von der Folie zurück in den Kasten. Ziehen Sie dann die Folie komplett von der Zarge ab.
3. Lösen Sie die erste Wabe mit dem Stockmeißel, indem Sie diesen verkanten und – ohne Bienen zu drücken – als Hebel benutzen.
4. Heben Sie die Wabe vorsichtig heraus. Greifen Sie hierzu die Oberträger an den Rähmchenohren. Bienen können Sie ggf. mit Rauch vertreiben.
5. Kontrollieren Sie beide Wabenseiten. Durch langsames, vorsichtiges Drehen können Sie die Rückseite der Wabe einsehen, ohne dass Bienen herunterfallen. Merken Sie sich, ob die Wabe leer ist oder eine halbe/komplette Honig oder Pollen enthält.
6. Stellen Sie diese und evtl. die 1–2 folgenden Waben in den Wabenbock oder in eine leere Beute.
7. Jetzt ist ein Freiraum zum Arbeiten entstanden: Die nächsten Waben sind dadurch leichter zu lösen und zu kontrollieren. Zum Abschluss werden alle Waben in ihre alte Position geschoben, möglichst ohne Bienen zu zerdrücken.
8. Nach der Kontrolle der oberen Zarge (und dem Zurücksetzen der Waben aus dem Wabenbock) heben Sie diese Zarge ab und setzen sie zur Seite auf ein leeres Bodenbrett oder wie hier auf eine Leerzarge. Möglichst nicht direkt auf

Arbeitsschritte: Kontrolle eines Volkes.

den Boden, sonst landen viele Bienen und evtl. die Königin im Gras. Evtl. müssen Sie vor dem Abheben die Zargen mit dem Stockmeißel voneinander trennen. Decken Sie die bereits kontrollierte Zarge mit der Folie ab, wenn es kühl ist.

9. Kontrollieren Sie jetzt die untere Zarge. Merken Sie sich auch hier, wie die Waben besetzt sind (ohne Abb.).

10. Nach Beendigung der Kontrolle setzen Sie das Volk wieder zusammen: Vor dem Aufsetzen der oberen Zarge geben Sie Rauch auf die Waben der unteren Zarge. Die Bienen verziehen sich in die Wabengassen und werden nicht gequetscht. Dies gilt besonders für den Zargenrand. Wachsstege auf den Oberträgern der Rähmchen in der unteren Zarge sollten Sie zuvor entfernen (Stockmeißel).

11. Beim Ansetzen der Zarge Vorsicht walten lassen. Legen Sie Folie und Deckel wieder auf.

12. Notieren Sie die Eindrücke in der Stockkarte.

Probleme bei der Kontrolle eines Volkes

Problemfall	Abhilfe
Die Königin sitzt auf der gezogenen Wabe und Sie sind unsicher, was Sie tun sollten.	Fangen Sie die Königin mit dem Clip von der Wabe (siehe S. 56).
Sie finden die Königin nicht.	Suchen Sie nach „Indizien"; wenn Sie Eier (Stifte) sehen, dann ist die Königin vorhanden.
Waben werden schräg aus der Zarge gehoben. Es gibt Kontakt mit Nachbarwaben. Bienen oder Wabenteile werden zerdrückt.	Wabe senkrecht herausheben.
Die Wabe wird zu schnell aus der Zarge gehoben, Bienen fallen von der Wabe herunter.	Nehmen Sie sich Zeit und arbeiten Sie langsamer und behutsamer.
Es fehlte eine Wabe in der Zarge. Die Bienen haben den Freiraum mit einer wild gebauten Wabe ausgefüllt.	Diese gilt es vorsichtig zu entfernen. Mit Rauch die Bienen vertreiben, Stück für Stück mit der Feder aufsitzende Bienen abfegen und die Wabe mit dem Stockmeißel lösen. Vorsicht: Die Königin kann auf dieser Wabe mit der Eiablage beschäftigt sein. Warten Sie, bis alle Bienen durch den Rauch vertrieben wurden.
Beim Wiederaufsetzen der Zarge oder des Deckels werden Bienen auf der Zargenwand zerdrückt.	Geben Sie vor dem Aufsetzen mehrere Rauchstöße besonders entlang der Zargenwände.
Sie können die letzte Wabe nicht in die Zarge zurückgeben, da es an Platz mangelt. Zwischen den Abstandshaltern ist überflüssiger Raum.	Schieben Sie die Waben dichter zusammen, dann passt auch die letzte Wabe! Am besten die Bienen von der Wabe abfegen, dann gibt es beim Zurücksetzen kein „Zerdrücken".

ANMERKUNG Alternativ kann man die Zargen erst abheben und zur Kontrolle nebeneinander auf die unterste Zarge setzen. Probieren Sie aus, wie Sie besser arbeiten können.

Die Kontrolle von 3- und 4-zargigen Völkern erfolgt entsprechend abgewandelt. Die abgehobenen Zargen können versetzt gestapelt oder auf zusätzliche Unterlagen (Deckel) gesetzt werden.

TIPPS FÜR DAS FÜHREN DER STOCK-KARTE ▶ Schreiben Sie unbedingt den Zustand des Volkes und die getroffenen Maßnahmen direkt nach der Kontrolle auf. So bekommen Sie auch Vergleichsmöglichkeiten in den Folgejahren. Im Handel gibt es hierfür Karten – jedes andere Papier oder Karteikarten tun's auch! Zum Sparen von Platz und Zeit empfehlen sich Abkürzungen, wie z. B.: BR Baurahmen, BW Brutwabe, HW Honigwabe, MW Mittelwand.

▶ Erweiterung der Völker (einzargiges Volk)

Generell sollten Völker nicht zu früh erweitert werden, da sonst der „überflüssige" Raum mitgeheizt werden muss. Eine zu späte Erweiterung kann evtl. den schon eingesetzten Schwarmtrieb nicht mehr bremsen.

ZEITPUNKT Direkt nach der Auswinterung z. B. im April, wenn das Volk einzargig eingewintert wurde oder der Ableger mit seiner Zarge nicht auskommt und mehr Platz benötigt.

BENÖTIGTES MATERIAL Grundausrüstung, je Volk: eine Zarge mit fünf bebrüteten oder ausgeschleuderten Leerwaben, fünf Mittelwänden und ein Drohnenbaurahmen (siehe S. 106), für den Ableger Futtergeschirr und Futter (siehe S. 43) – in einer guten Tracht nicht nötig (z. B. Obstblüte, Raps).

Methode A Sie stellen die neue Zarge mit Leerwaben und Mittelwänden direkt auf den 1. Brutraum, ohne Waben auszutauschen. Die Bienen werden dann selber entscheiden, wann sie den 2. Baurahmen besetzen. Füttern Sie das Volk, wenn gerade keine guten Massentrachtverhältnisse herrschen.

Methode B Im Sommer können Sie zwei verdeckelte Brutwaben aus dem 1. Brutraum in die neue Zarge mittig stellen. Den weiteren freien Raum im 1. und 2. Brutraum füllen Sie mit Leerwaben und mit Mittelwänden im Wechsel. Geben Sie in den unteren Brutraum außen an das Brutnest rechts und links einen Baurahmen. Später wird ein Baurahmen hochgehängt.

Stellen Sie Mittelwände nur an, nie in das Brutnest, da diese die Wärmeregulation im Brutnest stark behindern und eine Kältebrücke darstellen.

▸ Aufsetzen des ersten Honigraums

ZEITPUNKT Diese Arbeit sollte durchgeführt werden, bevor große Honigmengen im Frühjahr (z. B. von der Obstblüte oder Raps: Ende April/Anfang Mai) in den Brutraum eingetragen werden. Der Brutraum wird sonst vom Honig „verstopft". Eine zu späte Erweiterung fördert außerdem den Schwarmtrieb (siehe S. 58).

BENÖTIGTES MATERIAL Grundausrüstung je Volk: eine Zarge mit sechs Leerwaben oder ausgeschleuderten Waben, fünf Mittelwände und ein Absperrgitter. (Die Königin ist breiter als eine Arbeiterin und kann daher das Gitter nicht passieren. Genauso geht es dem „dicken" Drohn, während die Arbeiterin durch das Gitter klettern kann.)

Absperrgitter bestehen aus Kunststoff oder Metall (gestanzt oder als Gitter gearbeitet).

Erweitern eines einzargigen Volkes mit einer Zarge.

Bedarf der Erweiterung: Das linke Volk ist noch zu klein, das rechte muss unbedingt erweitert werden.

Aufsetzen des Absperrgitters und 1. Honigraums (1–4), des 2. Honigraums (5), Abfegen von Waben und Kleinersetzen (6) (v.l.n.re.).

ARBEITEN

1. Nach der Kontrolle der beiden (Brut-) Räume auf Schwarmzellen und Weiselrichtigkeit entfernen Sie nach einer Rauchgabe die Wachsbrücken von den obersten Rähmchenträgern. Ansonsten fehlt in der Höhe der Platz für das Absperrgitter.

2. Legen Sie das Absperrgitter wie abgebildet auf die oberste Zarge.

3. Setzen Sie den Honigraum über das Absperrgitter – Mittelwände und Leerwaben im Wechsel. Falls Sie nur Mittelwände haben, reichen diese auch!

4. Verschließen Sie die Beute.

5. Den zweiten Honigraum setzen Sie nach Bedarf einige wenige Wochen später in gleicher Zusammensetzung wie den ersten über den 1. Honigraum. Benötigtes Material je Volk: eine Zarge mit Leerwaben und Mittelwänden. Notfalls tun es auch nur Mittelwände oder nur ausgebaute Leerwaben!

NUR BEDINGT EMPFEHLENSWERTE METHODEN ▶

▶ Man kann die Bienen in den neuen Honigraum zwingen, indem offene oder verdeckte Brutwaben über das Absperrgitter gehängt werden. Die Bienen werden genötigt, die Brut zu wärmen, anstatt sich bei Kälterückfällen (Frühjahr) in das übrige Brutnest zurückzuziehen. Problematisch ist die Gefahr, dass Futterreste in den Honigraum gehängt werden!

▶ Beim Verzicht auf das Absperrgitter wird der Honigraum von den Bienen schneller angenommen. Die Barriere, die durch Gitter entsteht und den Bienen die Passage erschwert, fällt weg. Die Königin jedoch kann den Honigraum auch für die Eiablage nutzen.

▶ Kleinersetzen der Völker

Das Volk wird spätestens mit der letzten Honigernte und dem Beginn

der Einfütterung automatisch kleiner. Die Völker schrumpfen in ihrer Größe auf zwei Zargen und benötigen keinen zusätzlichen Raum. Nur in Ausnahmefällen werden im August noch drei Zargen benötigt (Nutzung der Spättracht: Tannen- oder Heidehonig). Der überflüssige Raum kostet Energie beim „Heizen". Außerdem kann sich die Wachsmotte leichter in ungenutzten Waben vermehren.

ARBEITSSCHRITTE BEIM KLEINERSETZEN ▶

1. Die Waben werden mit der Gänsefeder oder durch Abstoßen von Bienen befreit und in einen bienendichten Transportkasten gesetzt.
2. Zum Schluss werden auch die Bienen aus der nun geleerten Zarge gefegt. Diese hat noch den Geruch des Volkes und sollte daher schnell außer Reichweite gestellt werden.

3. Die Bienenwohnung ist „geschrumpft" und wurde an den reduzierten Raumbedarf des Volkes angepasst.

Aus- und Einwinterung

Bei Außentemperaturen unter 10 °C sitzen die Bienen dicht gedrängt in der kugeligen Wintertraube. Je kälter es ist, desto dichter sitzen die Bienen und desto kleiner ist die Wintertraube. Die äußeren Bienen zittern mit ihren Flugmuskeln und erzeugen Wärme. Bis zu 35 °C kann die Kerntemperatur der Wintertraube betragen, falls Brut vorhanden ist.

Die Bienen wärmen hierdurch das Futter in den Waben an und können es dann aufnehmen. Ist das Futter aufgezehrt, „wandert" die Wintertraube weiter: In Magazinen von der unteren Zarge im Laufe des Winters nach oben, in

Größe der Wintertraube bei abnehmender Außentemperatur.

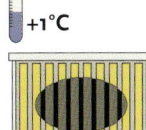
+1°C

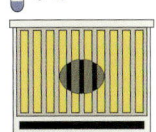
-8°C

Winterruhe am Bienenwanderwagen – kein Winterschlaf der Bienen.

Längslagerbeuten von einer Seite zur anderen. Pollen- oder Leerwaben können bei niedrigen Außentemperaturen für die Bienen eine unüberwindbare Barriere darstellen – sie sollten deshalb im Herbst nach außen gestellt bzw. entfernt werden. Das Volk kann verhungern!

Wie Sie erkennen, sind die Bienen im Winter alles andere als in einem (bewegungslosen) Winterschlaf. Mit dem Ohr am Bienenkasten lässt sich vielleicht ein leises „Gebrumm" hören.

▸ Arbeiten vom Frühjahr bis zum Winter

WAS PASSIERT IN DEN BIENENVÖLKERN? ▸ Die in diesem Kapitel angekündigten Arbeiten beginnen bereits noch im kalendarischen Winter – wenn die Witterung dies zulässt. Es ist der Beginn des Brutgeschäfts und der Sammeltätigkeit nach der Winterpause: Noch in der Wintertraube wird ein kleines Brutnest angelegt. Der nötige Pollenbedarf wird von Vorräten und später von den ersten eingetragenen, frischen Pollen gedeckt.

Mit der Brutaktivität beginnt aber auch die Vermehrung der Varroa-Milbe (siehe S. 105) – ab April kann die Milbenbekämpfung durch Drohnenbrutausschneiden beginnen.

Je nach Brutaktivität und Volkgröße werden die alten Winterbienen bis Ende April/Mai durch junge Bienen ersetzt.

FRÜHJAHRSNACHSCHAU (FRÜHJAHRSREVISION) ▸ Die erste, sehr kurze Kontrolle dient der Klärung notwendigster Fragen:
1. Hat das Bienenvolk den Winter überlebt und ist das Volk noch weiselrichtig?
2. Ist genügend Futter in dem Volk oder müssen Futterwaben zugehängt werden (zum Füttern ist es meist zu kühl)?

Eine Außentemperatur von mindestens 15 °C, die je nach Region und Wetterentwicklung) Ende März/Anfang April erreicht wird, ist die Voraussetzung für die kurze Störung der Völker. Der Blick unter/durch die Plane zeigt, ob die Bienen bereits in der oberen Zarge sitzen und wie viele Futterwaben noch verdeckelt sind. Durch das Ziehen einer mittleren, bienenbesetzten Wabe bekommt man schnell die Information, ob das Volk bereits brütet. Weitere „Indizien" für die Brutaktivität sind: Schwitzwasser unter der Plane, Pollensammlerinnen mit ersten Pollenhöschen und abgenagte Zelldeckel von Brutzellen. Weisellose Völker zeigen meist eine Unruhe (siehe S. 55).

Der Beutenboden sollte durch einen sauberen ausgetauscht werden, wenn er bekotet oder stark verschmutzt/verschimmelt ist. Bei Böden mit Varroa-Gitter trifft dies meist nur auf die Auffangfläche (Kunststoff/Pappe) zu. Eine Gelegenheit, die Anzahl Milben zu zählen (siehe S. 104). Das Gemüll und tote Bienen werden am besten im Restmüll entsorgt.

Die Futtermenge ist für einen Anfänger nur schwer abzuschätzen. Mit der Vergrößerung der Brutfläche nimmt der Futterverbrauch deutlich zu und bei Kälterückfällen sind die „Heizkosten" besonders hoch (Ermitteln der Futtermenge siehe S. 66 ff.).

Sollte die untere Zarge völlig geleert sein, kann man diese komplett wegneh-

Wechsel der (verdreckten/bekoteten oder angeschimmelten) Böden zu Saisonbeginn.

> **TIPP**
>
> *Richtwert für eingelagerte Futterreserven: bei einem zweizargigen Volk 10 kg, bei einem einzargigen Volk 6 kg.*

men (alte Waben einschmelzen).

Überzähliges Winterfutter (z. B. sechs oder mehr Futterwaben je Brutzarge) behindern die Anlage und das Ausbreiten des Brutnestes und können zur Verfälschung des Honigs führen, indem die Bienen das Winterfutter in den Honigraum umtragen. Diese sollten entnommen und bedürftigen Völkern gegeben oder eingelagert werden. Diese Arbeiten fallen je nach Futterverbrauch eventuell auch noch bis Anfang Mai an!

Bei extremem Futtermangel – weniger als drei Futterwaben und anhaltendem schlechten Wetter oder Trachtmangel – sollten Futterwaben am Rand des Brutnestes zugehängt werden („Notfütterung").

Das Mäusegitter wirkt wie eine Pollenfalle, denn viele Pollenhöschen wer-

den am Gitter abgestreift und gehen so verloren. Das Gitter sollte herausgenommen und das Flugloch mit einem Fluglochkeil (je nach Konstruktion) in der Höhe eingeengt werden.

Bei starken, zweizargigen Völkern kann bereits ein Drohnenbaurahmen eingehängt werden (siehe S. 106).

> **TIPP**
>
> *Die hier genannten Arbeiten sollten zügig erfolgen, um ein Auskühlen des Bienenvolkes zu vermeiden. Das lange „Schauen und Wühlen" im Bienenvolk sollte besser bei höheren Temperaturen (> 18 °C) erfolgen!*

ALTE HÜTE?!? ▶ Einige Imker führen eine Reizfütterung der Bienen mit Flüssigfutter oder durch Anritzen/ Andrücken von Futterzellen mit dem Stockmeißel durch. Hierdurch sollen die Bienen zu erhöhter (Brut-)Aktivität verleitet werden. Gegenargument: die Bienen wissen am besten, wann und wie sie brüten.

Das Mäusegitter am Flugloch schützt vor Eindringlingen. Im Frühjahr muss es rechtzeitig entfernt werden, da die Bienen ihren Pollen am Gitter abstreifen.

Die alte Regel, dass die Frühjahrsdurchschau nicht vor der Stachelbeerblüte erfolgen sollte, ist eine Verhinderungsregel: Völker können schon verhungert oder überflüssig lange weisellos sein. Außerdem spielen manchmal die Jahreszeiten/die Witterung verrückt. Die Außentemperatur ist auf jeden Fall wichtiger als die Jahreszeit!

▸ Auswinterung und Probleme bei der Volkentwicklung

Besonders im zeitigen Frühjahr, aber auch im Sommer ist es hinderlich, wenn ein Volk „eingeengt" unsymmetrisch in der Beute sitzt. Durch Wabenumsetzen lässt sich die richtige Lage anstreben. Zum Ende der Bienensaison, wenn der Wintersitz der Biene durch Waben vorgegeben wird, ist die optimale Lage lebensnotwendig, da die Wintertraube über die Futterwaben wandern können soll. Blockaden durch reine Pollenwaben können dann die Wanderung der Traube verhindern.

▸ Optimaler Aufbau von Bienenvölkern

▸ Es gibt mehrere Gesichtspunkte, wie ein Bienenvolk aufgebaut sein soll:

▸ Das Brutnest soll möglichst eine Einheit (in ein oder zwei Zargen) bilden.

▸ Honig/Pollen- und Drohnenwaben liegen am Rande des Brutnestes: Auf Drohnenbaurahmen kann von ca. Mitte Juli bis Ende März verzichtet werden, da in dieser Zeit keine Drohnen aufgezogen werden. Pollenwaben sind im Winter bei großer Kälte eine Barriere für die Wintertrasube: Unbedingt nur am Rand in der Beute lagern.

▸ Dem Bienenvolk stehen so viele Zargen mit Waben zur Verfügung, wie es besetzen kann.

Die Entwicklung von Bienenvölkern hängt von äußeren Faktoren (Temperatur, Trachtangebot, Leistungsfähigkeit der Königin etc.) ab und ist daher in jedem Jahr mehr oder weniger unterschiedlich.

▸ Auswinterung und Entwicklung eines einzargigen Bienenvolks

Ein einzargiges Volk sollten Sie im Frühjahr oder Sommer rechtzeitig erweitern, damit das Brutnest nicht von Honig oder Pollen eingeengt wird. Außerdem wollen die Bienen neue

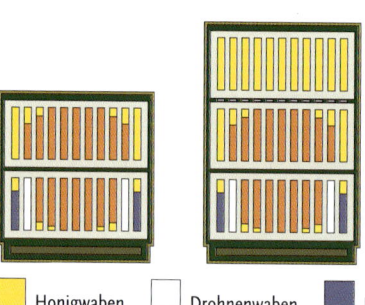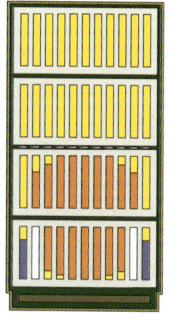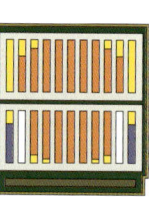

Zunahme der Größe des Bienenvolkes im Jahresverlauf mit Brut- und Honigräumen (v.l.n.re.).

🟨 Honigwaben   ⬜ Drohnenwaben   🟦 Pollenwaben   🟧 Brutwaben   --- Absperrgitter

Waben bauen. Nutzen Sie den Bautrieb, um möglichst viele Mittelwände ausbauen zu lassen.

OPTIMALER ZUSTAND (A) Das Brutnest sitzt mittig in der Zarge und kann sich zu jeder Seite ausbreiten. Wenn alle Wabengassen gut besetzt sind, können Sie das Volk mit dem 2. Brutraum erweitern.

PROBLEMATISCHER ZUSTAND (B) Das Brutnest liegt stark an eine Zargenwand gedrängt und kann sich nicht in alle Richtungen ausdehnen.

ABHILFE

Sie müssen abwägen, ob das Volk wie auf den Abbildungen in seiner Entwicklung stark gestört ist. Sie können sich für eine Methode entscheiden:
1. Überzählige Futterwaben, die das Brutnest behindern, werden entfernt und durch Leerwaben bzw. Mittelwände ersetzt.
2. Durch Umstellung von Waben kann das Brutnest in die Mitte gerückt werden.
3. Ein sehr schwaches Volk wird aufgelöst bzw. mit einem anderen Volk vereinigt.

▶ **Auswinterung und Entwicklung eines zweizargigen Bienenvolks**

OPTIMALER ZUSTAND Ein durchschnittlich starkes Bienenvolk besetzt die zwei Zargen symmetrisch und hat die Möglichkeit, sich in alle Richtungen auszudehnen. Wenn beide Zargen gut besetzt sind, können Sie das Volk erweitern, d. h., den Honigraum aufsetzen.

PROBLEMATISCHER ZUSTAND (C-F)

C Nur die untere Zarge wird besetzt.
MASSNAHME Falls das Volk noch schwach ist, entfernen Sie die obere Zarge. Wenn das Volk stark ist, können Sie alles so belassen.

D Nur die obere Zarge wird besetzt.
MASSNAHME Sie können das Volk so belassen. Dunkle Waben möglichst durch Mittelwände ersetzen. Ein Baurahmen in der unteren Zarge „lockt" die Königin herunter.

ALTERNATIV Bei einem starken Volk tauschen Sie lediglich die Zargen aus. Ist das Volk schwach, dann entfernen Sie die untere Zarge.

E Die Bienen sitzen auf zwei Zargen, jedoch nicht mittig in der Zarge und das Brutnest kann sich nicht in alle Richtungen ausdehnen.
MASSNAHME Tauschen Sie einige Waben aus, damit das Volk in der Zargenmitte liegt, ersetzen Sie ggf. überzählige Futterwaben durch Leerwaben. Ist das Volk schwach, dann verfahren Sie wie bei Fall F.

F Das Volk sitzt sehr schwach auf zwei Zargen.
MASSNAHME Sie setzen das Volk in eine Zarge, oder Sie lösen das Volk ganz auf.

MASSNAHMEN BEI SCHWACHEN VÖLKERN ▶ Ist ein Bienenvolk erheblich schwächer als Ihre übrigen Völker, dann sollten Sie sich überlegen, ob Sie das Volk auflösen. Bei der Bewirt-

Zernagtes Zeitungspapier zwischen vereinigten Völkern.

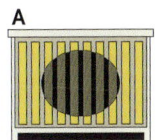
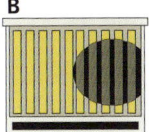
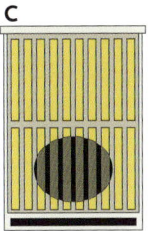
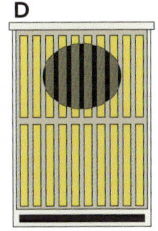
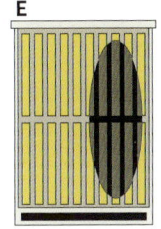
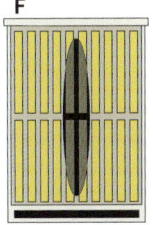

schaftung von vielen Völkern ist das „Aufpäppeln" viel zu zeitaufwendig.

MASSNAHME 1 Der Schwächling wird mit einem anderen Volk nach Entfernen der schlechteren Königin (meist im „Schwächling") vereinigt.

BENÖTIGTE MATERIALIEN Grundausrüstung, Zeitungspapier, ein Nagel.

ZEITPUNKT Abends nach Beendigung des Bienenfluges.

ARBEITSSCHRITTE

1. Sie entfernen beim starken Volk Deckel und Folie; decken Sie das Volk mit einer Seite Zeitungspapier ab (stanzen Sie in das Papier vorher mit einem Nagel Löcher).

2. Setzen Sie das schwache Volk über das Zeitungspapier. Während die Bienen das Papier durchnagen, gewöhnen sie sich an den unterschiedlichen Geruch der Völker.

3. Nach einigen Tagen können Sie das restliche Zeitungspapier entfernen.

MASSNAHME 2 Sie fegen das Volk ab. Jede Wabe wird vor dem Flugloch eines anderen Bienenvolks abgefegt, nachdem die Königin des „Schwächlings" entfernt

Abfegen/-klopfen eines Schwächlings.

wurde. Die brauchbaren Brut- und Honigwaben stellen Sie in Völker, die sie nötig haben oder schmelzen sie ein. Vergewissern Sie sich vorher jedoch, wie der Gesundheitszustand des Schwächlings ist. Treffen Sie auf viele Varroa-Milben, ist vorher eine Behandlung durchzuführen (siehe S. 107 ff.). Gibt es Hinweise auf andere Bienenkrankheiten, klären Sie ab, ob diese harmlos sind.

BENÖTIGTE MATERIALIEN Grundausrüstung, Holzbrett.

ARBEITSSCHRITTE Auflösen des Volkes! Der Schwächling wird vor dem starken Volk an oder auf ein Holzbrett abgefegt. Die Bienen laufen in das große Volk und betteln sich ein. In Zeiten von Räuberei (Juli/August, Anfang September) ist besser eine Vereinigung wie in 1 dargestellt, vorzunehmen.

MASSNAHME 3 Abtöten des Volkes. Sitzt im Bienenkasten nur noch ein „Häuflein Elend", dann ist es falschverstandene Tierliebe, wenn Sie diese Bienen retten wollen. Besonders im zeitigen Frühjahr sind extreme Schwächlinge auf verkoteten Waben abzuschwefeln. Ein Fachmann (Gesundheitsobmann des Imkervereins) wird Ihnen helfen.

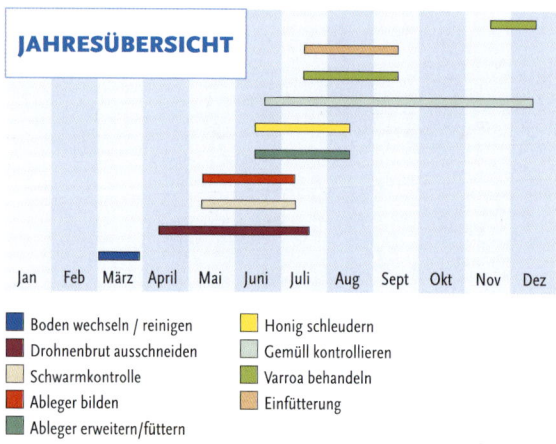

JAHRESÜBERSICHT

	Jan	Feb	März	April	Mai	Juni	Juli	Aug	Sept	Okt	Nov	Dez

■ Boden wechseln / reinigen
■ Drohnenbrut ausschneiden
□ Schwarmkontrolle
■ Ableger bilden
■ Ableger erweitern/füttern

□ Honig schleudern
□ Gemüll kontrollieren
■ Varroa behandeln
□ Einfütterung

Vermehrung von Völkern

Vermehrung von Völkern

Rund um den Schwarm

▶ Schwarm und Schwarm-verhinderung

Bienenvölker vermehren sich durch „Zweiteilung" über Schwärme: Die alte Königin verlässt mit rund der Hälfte der Bienen den Bienenstock – in der Regel kurz bevor die erste junge Königin schlüpft.

Der Schwarm hängt einige Stunden im Baum und sucht sich eine neue Unterkunft; die junge Königin fliegt nach dem Schlupf zur Begattung aus und beginnt mit der Eiablage.

Falls das zurückbleibende Volk sehr groß ist, können nacheinander mehrere junge Königinnen schlüpfen, die jeweils mit Flugbienen als Nachschwarm abfliegen. Der erste und z. T. der zweite Nachschwarm können noch relativ groß sein. Darauf folgende Nachschwärme sind meist klein.

Nachschwärme sind seltener geworden: Durch Selektion und Zucht (siehe S. 58) nimmt der Schwarmtrieb bei „Qualitätsköniginnen" deutlich ab.

AUSLÖSEFAKTOREN FÜR DAS SCHWÄRMEN ▶ Mehrere Faktoren lösen den Schwarmtrieb aus:
1. Platzmangel. Die Waben sind voll mit Brut, Honig und Pollen; die Wabengassen sind prall mit Bienen gefüllt.
2. Es gibt einen großen Überschuss an von Jungbienen produziertem Futtersaft, da die Brutmenge nicht weiter

wächst und der Futtersaft keine Abnehmer findet.
3. Königinnen, die älter als ein Jahr sind, schwärmen eher als Jungköniginnen – Ausnahmen gibt es selbstverständlich.
4. Genetisch bedingter Schwarmtrieb: Die Töchterköniginnen von Schwarmköniginnen zeigen mit jeder weiteren Generation einen größeren Schwarmtrieb.

ERKENNEN DER SCHWARMSTIM-MUNG ▶ Folgende Punkte geben Ihnen Hinweise auf die einsetzende Schwarmstimmung:
▶ Die Bienen bauen Spielnäpfchen (unbestiftet). Im fortgeschrittenen Stadium werden die Weiselnäpfchen bestiftet. Die Näpfchen erkennen Sie bei der Kontrolle jeder einzelnen Wabe oder (mit mehr Erfahrung) beim Ankippen der Br7uträume.
▶ Die Bau- und Sammelaktivitäten nehmen trotz guter Trachtsituation ab.
▶ Flugbienen hängen bei Flugwetter „faul" unter den Waben und „verweigern" das Sammeln. „Bienenbärte" (große Menge Bienen) hängen dann auch tagsüber aus dem Flugloch.

MASSNAHMEN ZUM BREMSEN DER SCHWARMSTIMMUNG ▶ Direkt zu Beginn der Schwarmstimmung helfen meist noch Maßnahmen wie die „Erweiterung mit Waben", um die Stimmung wieder zu senken. Ansonsten

Schwarmkontrolle durch Ankippen des oberen Brutraums. Suche nach Weiselnäpfchen und –zellen.

sind drastische Eingriffe nötig, die den Bienen das Gefühl geben, der Schwarm sei schon abgegangen und es gäbe keine weiteren Gründe für das Anhalten der Schwarmstimmung.

Geben Sie den Bienen mehr Raum, erweitern Sie rechtzeitig und brechen Sie bei der Kontrolle alle Weisel- und Spielnäpfchen aus (keine langfristige Wirkung). Dies sollten Sie alle 7–9 Tage bei einer Völkerdurchsicht machen.

Bilden Sie Ableger durch die Entnahme von Brutwaben (Brutableger) – Ableger bedeuten Reservevölker. Sie reduzieren gleichzeitig die Anzahl Varroa-Milben im Volk. Alternativ kann man die Königin aus dem Volk nehmen (Königin-Ableger).

▶ Einfangen und Einlogieren eines Schwarms

Es ist nur natürlich, wenn trotz sorgfältiger Kontrolle ein Volk schwärmen kann – besonders nach einer längeren Regenperiode im Frühjahr/Sommer: Der Imker verzichtete auf eine Völkerdurchsicht und die Bienen „nutzen" die Gelegenheit und setzen ganz schnell Weiselzellen an.

EINFANGEN EINES SCHWARMS ▶ BENÖTIGTES MATERIAL

Grundausrüstung: ein leerer Hobbock, eine leere Beute oder ein Kunstschwarmkasten, ein Tuch zum Abdecken des Kastens, ein Wassersprüher, eine Leiter bei Bedarf.

OPTIMALER ZEITPUNKT

Handeln Sie sofort, evtl. fliegt der Schwarm bald weiter.

ARBEITSSCHRITTE

1. Besprühen Sie die Schwarmtraube reichlich mit Wasser (Zerstäuber), wenn der Schwarm sich gesetzt hat. Das beruhigt die Bienen; außerdem können sie mit feuchten Flügeln schlechter abfliegen.

2. Halten Sie den Hobbock (oder Schwarmfangkasten s. u.) direkt unter die Schwarmtraube. Fegen Sie mit dem Gänseflügel am Ast entlang, so dass die Traube in den Hobbock fällt.

ALTERNATIVE TECHNIK

Rütteln Sie die Bienentraube vom Ast in den Hobbock. Evtl. müssen Sie vorher einige Zweige oder Äste abschneiden, um an die Traube zu kommen (manchmal ist das Abschneiden des Astes samt Traube möglich).

Abfegen eines Schwarms in einen Hobbock (1–3), komplett mit einem Zweig (4). Einlogierter Schwarm im Kasten (5).

Umfüllen des Schwarms in einen leeren Kasten.

3. Schütten Sie den Schwarm mit einem Ruck in die leere Beute bzw. in den Kunstschwarmkasten und stellen diesen mit geöffnetem Flugloch in Sichtverbindung mit der Stelle auf, an der der Schwarm hing.

4. Wenn die Königin in dem Kasten sitzt, werden alle übrigen Bienen folgen. Ansonsten sammelt sich die Traube neu im Baum – dann wiederholen Sie das Einfangen erneut. Nach ca. 1/2–1 Stunde ist der Schwarm im Kasten. Außen sitzende Bienen werden mit Wasser angesprüht, evtl. zum Flugloch gefegt.

5. Die Bienen haben sich nach ca. einer Stunde oder spätestens bis zum Abend im Kasten, z. T. außerhalb gesammelt. „Überreden" Sie außen wartende Bienen mit Wasser (Sprühflasche), in den Kasten zu gehen. Schließen Sie den Kasten – die Lüftungsflächen verhindern ein Verbrausen. Stellen Sie den Schwarm für ca. 24 Stunden an einen kühlen und dunklen Ort (Kellerhaft). Schwärme sollten Sie in jedem Fall wegen der „günstigen Gelegenheit" gegen die Varroa-Milbe behandeln.

Schwarmbienen direkt auf der Haut. Besser nicht nachmachen!

EINLOGIEREN DES SCHWARMS ▶

BENÖTIGTES MATERIAL
Grundausrüstung: einen Boden, einen Deckel, eine Folie, eine Zarge mit Mittelwänden, eine Futterzarge oder Leerzarge mit Futtereimer (siehe S. 65), 10 l Zuckerwasser (1:1 oder 2:1 oder Futtersirup S. 64).

OPTIMALER ZEITPUNKT Möglichst abends.

ARBEITSSCHRITTE
1. Stellen Sie nach der Kellerhaft (siehe Punkt 5) am gewünschten Standort den Boden mit Leerzarge auf, das Flugloch geöffnet.

2. Beim Öffnen des Kastens mit dem Schwarm hängt dieser unter dem Deckel. Stoßen Sie den Schwarm in die Leerzarge, ebenso die übrigen Bienen aus dem Kasten.

3. Setzen Sie die Zarge mit den Mittelwänden über die Leerzarge.

4. Geben Sie dem Schwarm sofort Flüssigfutter. Verschließen Sie die Beute mit Deckel. Nach zwei Tagen nehmen Sie die untere Leerzarge weg, nach ca. sieben Tagen kontrollieren Sie den Schwarm auf Weiselrichtigkeit (Stifte und Rundmaden im Brutnest). Füttern Sie weiter (nicht bei guter Tracht) und erweitern Sie rechtzeitig mit einer Zarge mit Mittelwänden. Naturschwärme sind die besten „Wabenausbauer".

ABWANDLUNG Die untere Leerzarge ist bei kleinen Schwärmen verzichtbar; durch Entnahme von ca. vier Mittelwänden ist genügend Platz in der Beute zum Einlogieren. Diese Mittelwände

werden ohne Bienenzerdrücken in die Beute gegeben.

▶ Kontrolle des vom Schwarm zurückgelassenen Volks

Bei dem geschwärmten Volk ist meist kaum Flugaktivität erkennbar. Hier finden Sie mehrere Weiselzellen – bis auf zwei verdeckelte Weiselzellen sollten Sie die übrigen entfernen. Nach 2–3 Wochen sollten Sie Brut von der jungen Königin finden können, ansonsten führen Sie die Weiselprobe (siehe unten) durch.

▶ Füttern Sie das Volk, falls der Honigvorrat bei anhaltender Schlechtwetterperiode aufgebraucht ist.

▶ Behandeln Sie die junge Königin, als ob es sich um eine Königin im Ablegervolk handelt: Zeichnen, Beobachtung des Brutnestes und der Eigenschaften der Bienen.

▶ Ersetzen Sie die junge Schwarmkönigin durch eine andere, falls das Volk schwarmfreudig ist. Dies sollten Sie je-

Geschlüpfte Weiselzellen sind Indiz für das Schwärmen.

doch nicht sofort tun, da die Bienen jetzt häufig keine fremde Königin akzeptieren werden.

Rund um die Königin

Bei der Völkerdurchsicht können Sie die Wabe mit aufsitzender Königin nach der Wabenkontrolle zurück in das Volk oder in den Wabenstock stellen. Wichtig ist, dass die Königin nicht zu Schaden kommt (gequetscht wird) oder abfliegt (machen nur einige Wochen alte Königinnen).

Sie können die Königin aber auch mit dem Clip von der Wabe abfangen und zur Seite, bzw. auf die schon kontrollierten Waben/Wabenstock legen. Wenn Sie das Volk wieder zusammensetzen, lassen Sie die Königin in die Wabengasse laufen.

IST DIE KÖNIGIN IM VOLK? ▶ Mittels Weiselprobe können Sie überprüfen, ob die Königin in einem Bienenvolk oder ob sie verloren gegangen ist. Anhaltspunkt für eine solche Vermutung ist meist das Fehlen von Stiften und jüngsten Maden.

ARBEITSSCHRITTE

1. Fegen Sie eine helle, „offene" Brutwabe (mit Stiften bzw. jüngsten Maden) eines Nachbarvolkes ab.

Abfangen der Königin mit dem Clip (li.), nach der Kontrolle Zurückgeben der Königin in ihr Volk (m.), einzelne Nachschaffungszelle (re.).

2. Stellen Sie diese Brutwabe in die Mitte des weisellosen Volkes.

3. Nach 3–4 Tagen kontrollieren Sie die Brutwabe. Finden Sie angezogene Weiselzellen, dann ist das Volk mit großer Wahrscheinlichkeit weisellos. Falls Sie keine Weiselzellen finden, kann im Volk eine junge, unbegattete Königin sein. Sie haben dann eine zur Weiselzelle umgeformte Arbeiterinnenzelle übersehen. Wiederholen Sie zur Sicherheit nochmals die Weiselprobe. Ist das Volk weisellos, dann setzen Sie eine Königin zu (siehe S. 59).

▸ Königinnen – Eigenschaften und stille Umweiselung

Es gibt keine Regeln, wie lange eine Königin ihre Arbeit gut verrichtet, dies kann zwischen zwei und drei Jahren, in Ausnahmefällen auch vier Jahre lang der Fall sein – je jünger die Königin, desto aktiver ist sie (meistens).

Im Normalfall erkennen die Arbeiterinnen, wenn ihre Königin Alterserscheinungen zeigt. Sie werden vorsorglich Nachschaffungszellen, d. h. Weiselzellen, ansetzen. Meist sind es nur wenige und diese liegen mittig auf der Wabe. Schwarmzellen dagegen sind zahlreicher und werden häufig am Wabenrand angelegt. Die „stille Umweiselung" ist aus Sicht der Bienen ein sehr sicheres Verfahren. Haben Sie die Nachschaffungszellen herausgebrochen, werden Sie bald eine neue Königin besorgen müssen.

▸ Ursachen für ein unregelmäßiges Brutnest

▸ Ein unregelmäßiges Brutnest, also freie oder anders als mit Brut belegte Zellen auf Brutwaben sind nicht automatisch ein Zeichen für eine „schlechte" oder alte Königin: Bei Tracht- und Futtermangel reduziert die Königin die Legeaktivität und Arbeiterinnen fressen Eier und jüngste Larven auf. Hierdurch wird lebensnotwendiges Eiweiß zurückgewonnen. Diese Form von Brutkannibalismus ist regulierend und ganz normal!

▸ Durch Inzucht bedingte leere Brutzellen.

▸ Eine einsetzende Tracht und zu wenig Platz für Honig führen zum „Verstopfen" der Brutwaben, da hier viel Honig abgelagert wird. Manchmal weigern sich die Bienen, das Absperrgitter zu passieren. Auch Pollen kann diese Probleme verursachen. Abhilfe: Erweitern Sie das Volk.

▸ Die Brut stirbt als Ei, Larve oder auch in verdecktem Stadium krankheitsbedingt ab. Nach dem Ausräumen durch Putzbienen wird die jeweilige Zelle wieder frei.

▸ Zeichnen der Königin

Sie können eine Königin im Volk leichter wiederfinden, wenn Sie ihr ein Farbplättchen auf den Thorax kleben. Die hier dargestellten Geräte sind auch in anderen Ausführungen erhältlich.

BENÖTIGTE GERÄTE

Ein Königin-Clip, ein Zeichenrohr mit Netz und Schieber, je Königin ein Opalithplättchen in der aktuellen Jahresfarbe (Plättchen mit Nummern oder z. B. sternchenförmig), ein Kleber und Streichhölzer.

ARBEITSSCHRITTE

1. Fangen Sie die Königin (begattet oder unbegattet) mit dem Königinnenclip von der Wabe und bringen Sie sie (falls möglich) in einen hellen Raum.
2. Lassen Sie die Königin in das Zeichenrohr laufen. Schieben Sie den Stempel in das Rohr und fixieren Sie die Königin. Der Brustabschnitt sollte in einem freien Siebfeld liegen.
3. Tauchen Sie ein Streichholz in den Klebstoff und bestreichen Sie eine Stelle mittig auf dem Brustabschnitt.
4. Feuchten Sie ein zweites Streichholz an, und bringen Sie damit das Opalithplättchen – mit der Wölbung nach unten – auf die klebende Stelle auf. Drücken Sie das Plättchen vorsichtig leicht an und fixieren Sie noch ca. eine Minute die Königin. Diese wird mit dem Clip in das Volk gebracht.

ANMERKUNG Auf das Beschneiden eines Flügels der Königin verzichte ich. Dies ließe sich aber mit einer Nagelschere bei dieser Gelegenheit durchführen. Es kann zum Abstechen der Königin kommen, da die Bienen sie für „behindert" halten. Außerdem geht die Königin beim Versuch zu schwärmen verloren. Nachschwärme sind möglich!

▸ Königinvermehrung

Es ist sehr wichtig, neben den Wirtschaftsvölkern auch Ersatzköniginnen bzw. Ablegervölker auf dem Bienenstand zu haben. Bei Verlust einer Königin können Sie den Ableger mit dem weisellosen Volk vereinigen (siehe S. 49) oder die „Ersatzkönigin" zusetzen.

Die Bildung von Ablegern setzt die Vermehrung von Königinnen voraus. Die echte „Zucht" mit Selektion wird von spezialisierten Imkern (Züchtern) z. B. nach festgelegten Standards durchgeführt.

 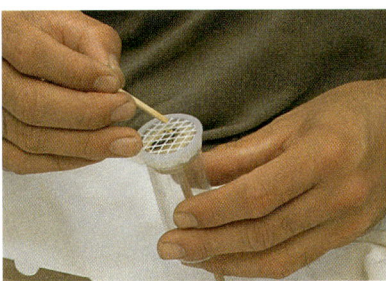 

Gezeichnete Königin mit Hofstaat, Zeichenrohr in Aktion, Farbplättchen und Kleber.

Königinvermehrung. Umlarven in Weiselnäpfchen, schlupfreife Weiselzelle, Brut der jungen Königin im Begattungskästchen, Erweiterung im Ablegerkasten (v. ob. n. unt.)

Sie sollten möglichst Zuchtstoff (Larven) vom Züchter oder von einem Lehrbienenstand verwenden, um die Qualität Ihrer Bienen zu verbessern. Folgende Merkmale/Eigenschaften werden dabei als Zuchtziel angestrebt:

▸ Die Bienen sollen gesund und vital sein.

▸ Das Arbeiten macht nur mit wabensteten (bei der Kontrolle bleiben sie ruhig auf der Wabe sitzen) und sanftmütigen (nicht angriffslustigen) Bienen Spaß.

▸ Bau- und putzaktive Bienen sind ebenso wichtig wie zukünftig auch Varroatolerante – hier ist man z. Zt. noch am Anfang der Zucht und Forschung.

▸ Den meisten Honig ernten Sie selbstverständlich nur von sammelfreudigen und nicht schwarmfreudigen Bienenvölkern.

Sämtliche aufgezählte Eigenschaften sieht man den Bienen und der Königin beim Kauf nicht an!

Die „Kunst" der Königinvermehrung in größeren Maßstäben erlernen Sie als Fortgeschrittener, d. h. mit etwas Imkerpraxis. Nutzen Sie unbedingt das Fortbildungsangebot der Institute und Verbände, bzw. lesen Sie bitte die Literaturempfehlungen.

Die wichtigsten Schritte werden hier nur grob skizziert – es bestehen viele Variationsmöglichkeiten:

1. Eine junge Larve wird mit dem Umlarvlöffel in ein Weiselnäpfchen, hier an einem Span befestigt, überführt.

2. In einem (weisellosen) Pflegevolk wird die Larve gefüttert und das Weiselnäpfchen verlängert.

3. Vor Schlupf wird die Weiselzelle in einen (brut- und weisellosen) Ableger oder in ein Begattungskästchen mit Bienen gegeben.

4. Nach erfolgreicher Begattung der Königin finden Sie Brut in dem Begattungskästchen.

5. Das Begattungskästchen kann mit Bienen und auslaufenden Brutwaben verstärkt und in einen Ablegerkasten umgesetzt werden. Alternativ wird die Königin in ein (Wirtschafts-)Volk umgeweiselt.

▸ **Transport einer Bienenkönigin**

Eine Königin mit Begleitbienen können Sie über mehrere Tage transportieren. Der Käfig hat eine Mulde oder Kammer, in die Sie ein kleines Kügelchen Futterteig (keinen Honig verwenden, da die Königin sonst leicht verschmiert) pressen. Die Königin fangen Sie mit dem Königinnenclip von der Wabe und lassen sie in den Käfig laufen.

Geben Sie rund zehn junge Bienen (aus dem gleichen Volk) zusätzlich in den Käfig – diese werden die Königin versorgen. Sie finden im Fachhandel eine Vielzahl von unterschiedlichen Käfigen. Gerade beim Postversand haben sich die flachen, stabilen Kunststoffkäfige bewährt. Der Briefumschlag muss jedoch Löcher zur Belüftung enthalten. Extreme Temperaturen beim Transport vermeiden!

▸ **Das Zusetzen einer Königin**

Hier gibt es eine Vielzahl von Variationen. Wichtig sind folgende Fakten: In den Monaten April bis Juni ist das Zusetzen einfacher, die Bienen sind kooperativer. Während akuter Schwarmstimmung ist in dieser Zeit das Zusetzen einer Königin jedoch problematisch: Das Volk will eine „eigene" Königin. Damit es eine Königin annimmt, muss es „hoffnungslos weisellos" sein: Keine Eier/Rundmaden und keine unbegattete Königin. Im Juli, August herrscht eine „aggressivere" Stimmung, im September/Oktober ist das Zusetzen meist unproblematisch. Sie werden häufig jedoch nicht auf den „richtigen" Monat warten (können oder wollen)! Ist ein Volk über Tage schon weisellos, dann ist die Akzeptanz einer neuen Königin ebenfalls gering. Die Bienen wollen eine eigene Königin nachziehen.

Methode A Sie entnehmen die alte Königin und hängen sofort eine neue Königin (ohne Begleitbienen) gekäfigt in das Volk in eine verbreitete Wabengasse. Der Käfig ist an einem Stück Wabendraht befestigt. Die Öffnung ist mit Futterteig verschlossen. Die Methode ist auch in der „schwierigen" Zeit sicher.

Methode B Wie A, jedoch bleibt der Käfig für sieben Tage mit dem Stopfen verschlossen. Dieser wird erst dann

Die Königin läuft aus dem Clip in den Käfig. Einweiseln: Die gekäfigte Königin wird in das Volk gehängt.

durch Futterteig ersetzt. Sichere Methode, auch für den Einsatz in weisellosen Völkern.

Ableger – Rennpferde der nächsten Saison und Reservevölker

Ein Ableger ist ein kleines Bienenvolk (3–10 Waben) mit einer jungen Königin; man kann die Ablegerbildung direkt an die Königinnenzucht anschließen oder im Rahmen der Schwarmverhinderung (Schröpfen) durchführen.

Die Ablegerbildung erfolgt entweder durch die Erweiterung eines Begattungsvölkchens oder direkt mit Waben in einem Ablegerkasten. Es gibt auch hier eine Vielzahl von Methoden und deren Abwandlungen – daher beschränke ich mich auf wenige Verfahren: Die Bildung von Brutablegern ohne und mit Königin.

Vorteile der Brutableger-Bildung:

▸ Der Schwarmtrieb wird abgeschwächt oder kommt erst gar nicht in Gang, denn das Volk wurde geschröpft.

▸ Die meisten Varroa-Milben sitzen im Frühjahr/Sommer in der Bienenbrut, um sich dort zu vermehren. Durch den Brutableger wird das Wirtschaftsvolk entlastet: Milben werden aus dem Volk genommen.

▸ Es ist eine gute Gelegenheit, dunkle Brutwaben aus den Wirtschaftsvölkern herauszuholen.

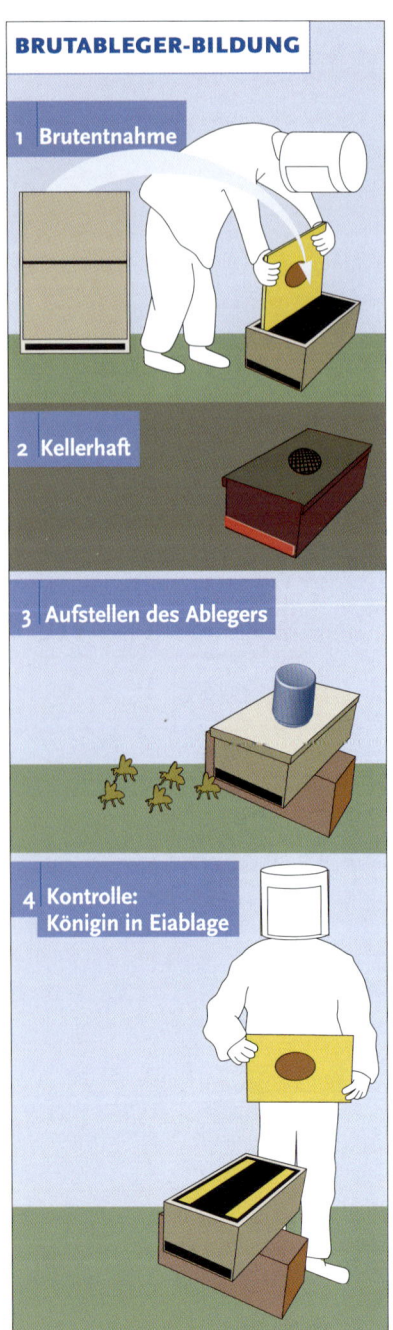

BRUTABLEGER-BILDUNG

1 Brutentnahme

2 Kellerhaft

3 Aufstellen des Ablegers

4 Kontrolle:
Königin in Eiablage

▶ **Die Bildung von Brutablegern**

BENÖTIGTES MATERIAL Zur Ablegerbildung benötigen
Sie: einen Ablegerkasten oder eine Zarge, Mittelwände,
Lüftungsgaze, Futterteig, Flüssigfutter oder Futterwaben.

ARBEITSSCHRITTE

1. Für Brutableger ohne Königin entnehmen Sie aus einem oder mehreren Völkern 3–5 verdeckelte Brutwaben
mit aufsitzenden Bienen. Stellen Sie die Waben in einen
Ablegerkasten oder in eine Zarge mit Trennwand. Das
Flugloch und möglichst ein Spundloch im Deckel sollte
mit einer Gaze zur Lüftung ausgestattet sein. Geben Sie
in den Kasten/die Zarge mindestens ein bis zwei Honig-
oder Futterwaben, eine Pollenwabe und so viele verdeckelte Brutwaben mit aufsitzenden Bienen wie Sie wollen
(mindestens 3). Eine der Brutwaben sollte offene Brut
(Stifte oder junge Rundmaden) enthalten, damit sich die
Bienen eine neue Königin heranziehen können.

2. Der Ablegerkasten sollte über Nacht (ca. 12–24 Stunden) in Kellerhaft gehalten werden (dunkel und kühl).

3. Der Ableger wird möglichst auf einem anderen Bienenstand aufgestellt. Das Flugloch sollte dann eingeengt
werden. Außerhalb einer ergiebigen Massentracht sollten
Sie den Ableger kontinuierlich füttern (kleine Mengen
flüssig oder Futterteig).

4. Nach drei Wochen finden Sie eine junge, begattete Königin, die in Eiablage gegangen ist – wenn alles geklappt hat.

Bedenken Sie, dass der Ableger viele Varroa-Milben enthält. Einige Autoren empfehlen eine Milchsäureanwendung bei jeder Kontrolle und den Erweiterungsschritten
des Ablegers. Möglich ist aber auch mit Beginn des neuen
Brutnestes, Ameisensäure anzuwenden, denn eine Honigernte steht erst im nächsten Jahr an.

OPTIMALER ZEITPUNKT (für Brutableger) Mai/Juni zur
Schwarmverhinderung.

▶ **TIPP**

Die Wirtschaftsvölker erhalten anstelle der entnommenen
Waben im Brutraum Mittelwände (Bauerneuerung).

ABWANDLUNG SAMMELBRUTABLEGER ▶   Beim Sammelbrutableger werden die Brutwaben mehrerer Völker in eine Beute gestellt. Entsprechend der größeren Bienenmenge benötigen Sie bei zwei Zargen vier bis fünf Honigwaben. Die Brut schlüpft noch vor Beginn der Legetätigkeit der nachgezogenen Königin. Sie haben viele Nutzungsmöglichkeiten für die große Bienenmasse, die hier schlüpft:

Durch Ausbrechen der Weiselzellen nach acht Tagen kann das Volk zur Zucht (weisellos) verwendet werden.

Die Bienenmasse lässt sich zum Befüllen von Begattungskästen nutzen.

▶ Königin-Ableger

BENÖTIGTES MATERIAL Ablegerkasten, Mittelwände, Futterwabe.

ARBEITSSCHRITTE

1. Sie entnehmen die Königin samt einer Brutwabe sowie einer fast leeren Wabe aus dem Wirtschaftsvolk. Die entstandene Lücke ergänzen Sie durch Zugabe von Mittelwänden – ans Brutnest stellen. In den Ablegerkasten geben Sie weiterhin eine Futter- oder Honigwabe.

2. Im Wirtschaftsvolk wird eine neue Königin nachgezogen. Wenn diese in Eilage gegangen ist, müssen Sie sich entscheiden: Behalten Sie die junge Königin oder geben Sie die alte zurück in das Volk. Eine von beiden muss abgedrückt werden.

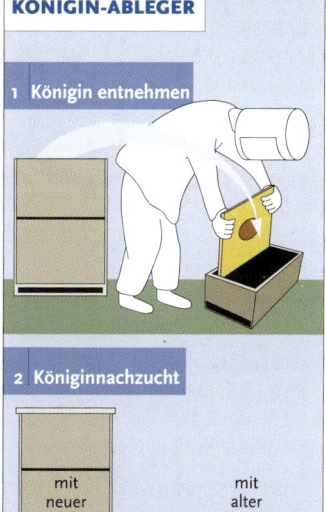

▶ Die Erweiterung des Ablegers

Der Ableger sollte zur Überwinterung eine Zarge mit zehn Waben gut besetzen. Je kleiner das Bienenvolk, desto größer das Risiko des Winterverlustes! Wenn der Ableger in einem Ablegerkasten sitzt, sollte er rechtzeitig in eine Zarge gesetzt und mit Waben erweitert werden.

BENÖTIGTES MATERIAL eine Zarge, ein Boden, ein Deckel, eine Folie, Mittelwände und ausgeschleuderte/ausgebaute Waben, Futtergeschirr (Futtereinrichtung).

ARBEITSSCHRITTE

1. Stellen Sie den Ablegerkasten zur Seite und setzen Sie die größere Beute auf den Standort.

2. Setzen Sie die Waben in die neue Beute und geben Sie Mittelwände und ausgebaute Waben im Wechsel. Eine kontinuierliche Fütterung (während einer Massentracht nicht nötig) fördert die weitere Entwicklung des Ablegers. Eine intensive Betreuung der Ableger wird sich in der Entwicklung positiv widerspiegeln. Schauen Sie häufiger nach dem Rechten.

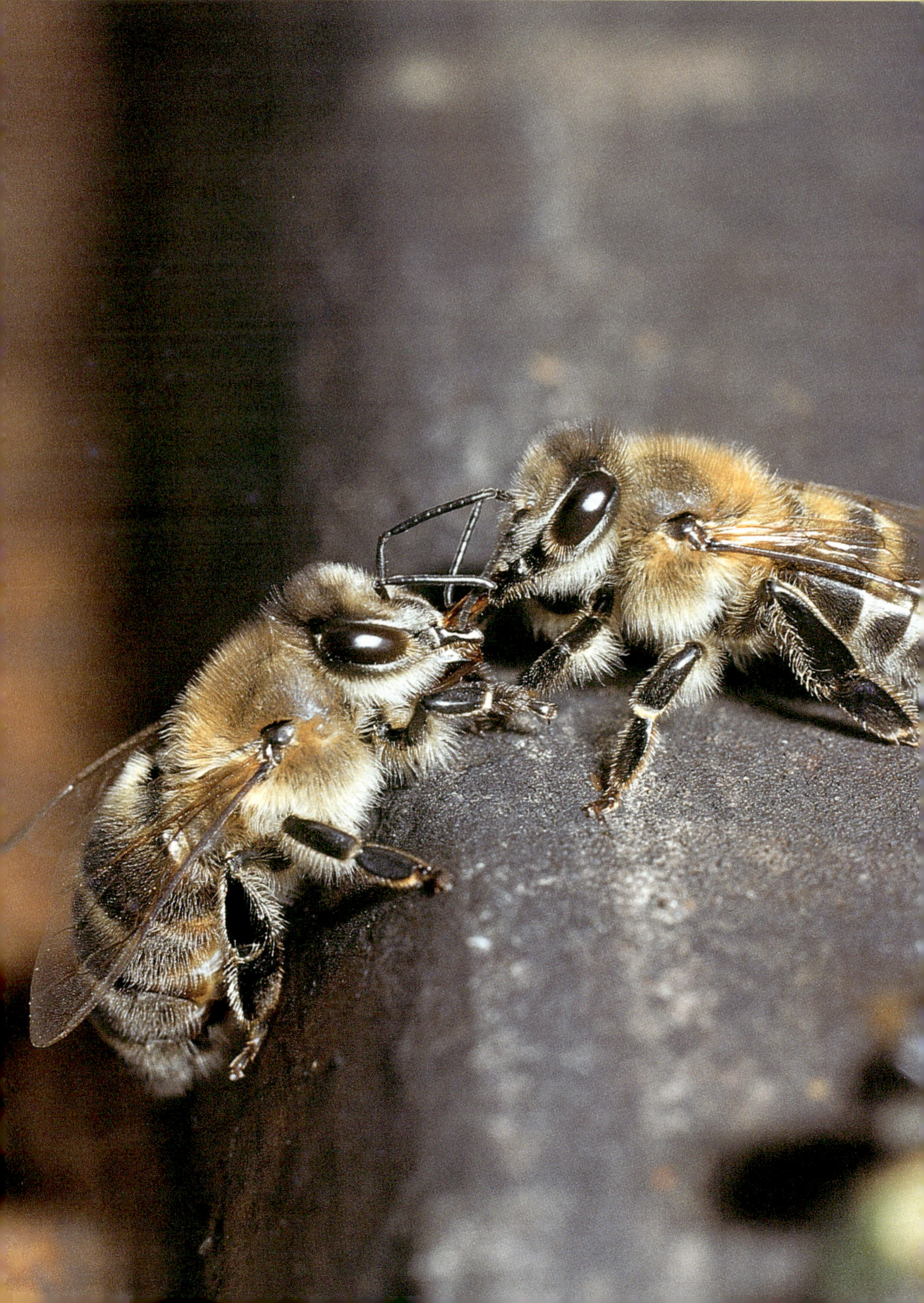

Fütterung von Bienen

▸ Was muss gefüttert werden?

Imker füttern ihre Völker mit Zuckerwasser als Ersatz für den zuvor geernteten Honig, der die natürliche Nahrungsgrundlage darstellt.

Das Winterfutter wird gewöhnlich bereits im Sommer nach der letzten Schleuderung gefüttert, damit die Bienen das Futter bearbeiten und in die Waben einlagern können.

Ableger, Begattungs- und Schaukästen müssen gefüttert werden. Ein kleiner, kontinuierlicher Futterstrom, besonders in trachtarmen Zeiten, steigert die Versorgung der Larven mit Futtersaft und fördert Bau- und Putztrieb.

Während ein Schwarm unbeschadet einige Tage hungern kann, nehmen Völker mit Brut hierdurch sehr schnell Schaden. Brutkannibalismus – das Aussaugen jüngerer und später auch älterer Larven – ist in diesem Fall nur ein Notverhalten der Bienen, um zu überleben. Gerade bei schlecht betreuten (Außen-)Ständen können verhungerte Bienenvölker angetroffen werden. Dieses Massensterben ist völlig unnütz und sollte unbedingt rechtzeitig durch eine Notfütterung oder durch Zuhängen von Futterwaben vermieden werden.

▸ Womit werden Bienen gefüttert?

Bienenfutter besteht aus Zucker, der in flüssiger Form, als Sirup (speziell für Bienen) oder als Futterteig an die Bienen verfüttert wird. Sie können das Futter z. T. selber herstellen oder im Imkerbedarfshandel kaufen.

Von der Ohe und Dustmann (1997; Bieneninstitut Celle) benennen Grundvoraussetzungen für Bienenfutter (leicht modifiziert):

▸ Geeignete Zucker sind Saccharose (andere Namen Haushalts-, Rohr- bzw. Rübenzucker), Fructose (Fruchtzucker) und Glucose (Traubenzucker). Weitere Zucker als die drei genannten sollten möglichst nicht, bzw. nur in sehr kleinen Mengen im Futter vorhanden sein.

▸ Der Gehalt an Glucose darf nicht zu hoch sein, da sonst die Gefahr besteht, dass das Futter in den Waben auskristallisiert und für die Bienen nicht mehr verfügbar ist. Aus diesem Grund ist auch Rapshonig (hoher Anteil Glucose) sowie Honig mit einem hohen Gehalt an Melezitose (Lärchenzucker; „Zementhonig") ungeeignet als Winterfutter.

▸ Hydroxymethylfurfural (HMF) ist für Bienen giftig und reduziert die Lebenserwartung der (Winter-)Bienen. Es entsteht aus Fructose vor allem durch Einwirkung von Wärme (!) und Säure.

▸ Der Gehalt an Mineralstoffen, bzw. Ballaststoffen (z. B. Oligosaccharide) muss möglichst niedrig sein, damit der Darm der Biene nicht belastet wird. Ist der Gehalt zu hoch, können die Bienen den Kot nicht mehr in der Kotblase halten und es kommt zu Ruhr ähnlichen Erscheinungen. Aus diesem Grund ist Honigtau- und Heidehonig für die Überwinterung ungeeignet.

▸ Der Wassergehalt darf nicht zu hoch sein, da das Futter sonst verderben kann (Gärungsgefahr).

TIPP

Das Bieneninstitut Celle empfiehlt mit Nachdruck, bewährte Bienen-futtererzeugnisse zu verwenden.

ZUCKERSIRUP ▸ Für die endgültige Winterauffütterung ab September ist flüssiges Futter (Zuckersirup) notwendig, da Futterteig (s. u.) die Bienen zu viel Kräfte kosten würde. Ebenso ist bei Notfütterungen die Verwendung von Zuckersirup anzuraten.

Selbstherstellung: Zuckersirup wird von den Imkern aus Saccharose (Haushaltszucker) im Verhältnis 1:1, bzw. 3:2 (Zucker:Wasser) mit Wasser hergestellt. Zur Förderung des Bautriebs ist im Frühjahr/Sommer die 1:1 Mischung sehr geeignet. Bei der Verdünnung 3:2 erhält man eine 60%ige Zuckerlösung, die von den Bienen relativ gut aufgenommen wird. Wegen HMF-Bildung nur handwarmes Wasser verwenden! Dieser Futtersirup ist jedoch prinzipiell

anfällig für die Entwicklung und das Auftreten von Schleimpilzen, so dass eine zügige Verfütterung notwendig ist. Dieses Futter hat sich trotzdem über Jahrzehnte bewährt, jedoch macht die Anfertigung etwas Arbeit. Ein Holzstab oder Rührer – vgl. Rührgeräte für Honig – helfen beim Auflösen des Zuckers. Je nach Größe der Imkerei und der benötigten Futtermengen sind Transportbehälter nötig, um das Futter zum Bienenstand zu bringen.

Im Handel erhältlicher Zuckersirup speziell für Bienen besteht im optimalen Fall aus Fructose, Glucose und Saccharose. Dieses Gemisch wird von den Bienen besser aufgenommen als nur aus Saccharose bestehender Sirup. Ferner besteht bei dieser Zusammensetzung die Möglichkeit, den Wasseranteil auf 27,5 % zu reduzieren (Zuckeranteil = Trockensubstanz 72,5 %), ohne dass die Bienen Probleme bei der Aufnahme bekommen. Dieser höher konzentrierte Sirup ist besser konserviert, die Gefahr des Verderbens wird verringert. Zusätzlich nimmt man den Bienen Arbeit beim Einengen/Trocknen des Futters ab. Für die späte Einfütterung (bes. nach Spättracht) ist dies sehr hilfreich.

FUTTERTEIG ▸ Der Zuckerteig wird vornehmlich für die Fütterung von Ab-

Anrühren von Zuckerwasser (li.). Futterteig in Folie liegt auf den Waben. Eine Leerzarge wird noch aufgesetzt (re).

legern sowie für die frühzeitige Auffütterung bis ca. Mitte August verwendet. Der Hauptbestandteil ist Saccharose (Basis Puderzucker). Der Wassergehalt ist sehr niedrig (ca. 10 %), so dass der Teig zum schnellen Festwerden neigt. Der Teig darf während der Fütterung nicht austrocknen und hart werden.

▸ Zeitpunkt für die Fütterung

Ableger sollten mit ausreichend Futter gebildet werden (siehe S. 60) – in einer Massentracht (z. B. Raps) können sich Ableger meist gut entwickeln. Die Futterversorgung sollte man jedoch gut im Auge behalten, denn äußere Einflüsse wie Witterung können fatale Wirkungen haben. Bewährt haben sich regelmäßig verfütterte, kleine Futtermengen oder Futterteig zum Erhalt eines kontinuierlichen Futterstroms über den Zeitraum Mai bis zur Wintereinfütterung – es sei denn, der Ableger kann schon selbst genügend Nektar sammeln. Dann sollte in Trachtpausen gefüttert werden.

Wirtschaftsvölker werden im Zeitraum April bis ca. Mitte Juli nur in Notfällen gefüttert. Die eigentliche Winterauffütterung findet nach der letzten Honigentnahme statt. Dieser Zeitpunkt variiert und liegt bei der Nutzung einer Spättracht (Honigtau in Tannen, Heidehonig) sehr spät im Bienenjahr. Die Wintereinfütterung wird mit der Varroabekämpfung kombiniert (siehe S. 50).

Ab Juli steigt die Gefahr von Räuberei, so dass möglichst abends kurz vor oder nach Beendigung des Flugbetriebs gefüttert wird.

Ich habe die unterschiedlichsten Methoden zur Wintereinfütterung gesehen, sowohl die kontinuierliche Fütterung kleiner Mengen als auch die

zweimalige Gabe von 10–12 l Sirup. Entscheidend ist, dass die Bienen trotz des Futterstroms noch genügend Platz zum Brüten haben.

▸ Geräte zur Fütterung

Die Fütterung ist immer im jeweiligen Bienenvolk durchzuführen. Die Außenfütterung, d. h. Aufstellung von Futterbehältern im Garten, ist unzweckmäßig (Räuberei) und kann gesetzlich geahndet werden. Das Futter wird in der Bienenbeute, meist von oben in eine Leerzarge mit einem Futterbehälter (Eimer, Glas, Trog) oder in einem speziellen Futtertrog angeboten. Ein hoher Unterboden erlaubt ebenfalls das Füttern von unten. Im Handel werden eine Vielzahl von Geräten angeboten – Sie können aber auch bestehende Behälter umwandeln. Fertigfutter wird teilweise auch mit Fütterungszubehör (Steigrohr) angeboten.

ASPEKTE BEI DER FLÜSSIG-FÜTTERUNG ▸ Die Bienen dürfen nicht in das Flüssigfutter fallen, da sie dadurch verkleben. Deshalb sollte der Futtereimer entweder ein Deckelsieb oder Löcher haben – der Eimer steht kopfüber auf den Rähmchen. Das entstehende Vakuum verhindert ein Auslaufen des Futters. Dieses Prinzip funktioniert auch bei Schraubdeckelgläsern mit Löchern im Deckel. Die Löcher werden mit einem Nagel gestanzt (Durchmesser ca. 1–2 mm).

▸ Aufrecht stehende Behälter wie Eimer und Schüsseln benötigen einen Schwimmer aus Kork oder Holz oder werden altbewährt mit Stroh gefüllt. Ohne diese Zusätze haben Sie Hunderte von ertrunkenen und verklebten Bienen im Futterbehälter.

Futtereimer mit Deckelsieb. Aufsetzen von Leerzarge und Deckel. Futterglas über dem Spundloch. (v. ob. n. unt.)

Futterschüssel für Flüssigfutter mit Stroh (ob.). Futtertrog mit Tunnel als Zugang für die Bienen. (unt.).

▶ Nach Abschluss der Fütterung sollten Sie das Futtergeschirr (Eimer/Futtertasche usw.) mit heißem Wasser reinigen, insbesondere wenn das Futter von einem Schleimpilz verdorben ist.

TIPP

Futterteig kann entweder direkt auf die Waben, in eine Leerzarge oder in einem Futtertrog mit freiem Zugang für die Bienen gelegt werden. Je größer die offene Fläche ist, desto schneller kann das Futter austrocknen und für die Bienen unerreichbar sein.

▶ Fütterung Schritt für Schritt erklärt

1. Geben Sie Rauch auf die Bienen in der obersten Zarge.
2. Setzen Sie den umgedrehten Futtereimer mit Deckel auf die Rähmchenoberträger. (Falls Sie Bedenken wegen des auslaufenden Futters haben, können Sie den umgedrehten Eimer erst auf einen leeren Eimer setzen und warten bis das Vakuum gebildet ist.)
3. Eine Leerzarge bildet den Schutz für das Futter. Verschließen Sie die Beute anschließend mit dem Deckel.

ABWANDLUNG Im Bienenhaus können Sie auch einen Deckel mit Spundloch verwenden. Der Futtereimer wird direkt über dieses Spundloch gesetzt.

ALTERNATIVE Befüllen einer Futtertasche, die an den Sitz der Bienen gestellt wird.

▶ Tröge, Futterkanister oder andere Behälter können auch mit einem Steigrohr, gelochten Blechen, Maschendraht oder Ähnlichem ausgerüstet sein. Diese Konstruktionen geben den Bienen Halt und verhindern das Ertrinken.

▶ Lassen Sie nie Futter oder Futterwaben in der Nähe der Bienen stehen. Die Lagerung von Futter und Waben muss bienendicht erfolgen, besonders im Spätsommer und Herbst müssen Sie Räuberei unter den Bienenvölkern verhindern.

▶ Verwenden Sie als Futter nur reinen Haushaltszucker oder spezielles Bienenfutter.

▶ Wie viel Futter benötigt das Volk im Winter?

▶ Einzargige Völker können wegen der geringen Wabenzahl nur rund 12 kg Futter einlagern (2 kg je volle Wabe). Im Frühjahr kann das Futter daher

 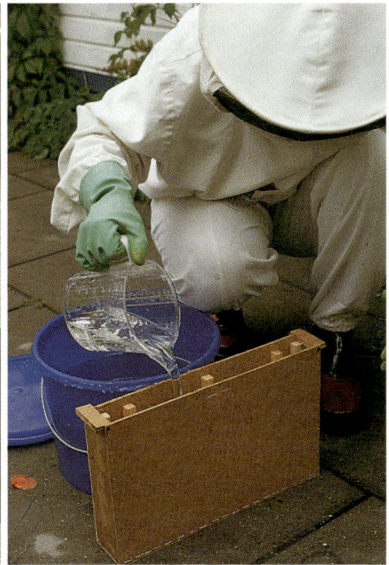 

Futtertrog mit Schwimmer im hohen Unterboden. Befüllen einer Futtertasche mit Flüssigfutter (alternativ mit Futterteig). Die Futtertasche wird an den Sitz der Bienen gestellt. (v. li. n. re.)

knapp werden, so dass evtl. einige leere Futterwaben gegen volle ausgetauscht werden müssen. Sie können je nach Länge der Brutperiode im Spätsommer bis ca. 15 kg auffüttern. Spätbrütende Völker erhalten Ende September/Anfang Oktober notfalls noch eine Portion Futtersirup.

▸ Zweizargige Völker lagern je nach Wabenzahl 20–24 kg Futter ein. Auch hier kann es durch Brutaktivität zum Verzehr des Futters vor Herbstbeginn kommen.

▸ Berechnung der Futtermenge: Für 2 kg Futter in einer Wabe muss die gleiche Menge an Trockensubstanz Zucker verfüttert werden.

▸ Bestimmung der Futtermenge im Volk: Eine arbeitsaufwendige Methode ist das Zählen der Futterwaben in dem Volk. Imker mit einer großen Völkerzahl wiegen daher die Völker. Hierfür werden unterschiedliche Typen von Waagen angeboten – häufig Federwaa-

gen. Diese wird zum Wiegen von der linken und rechten Beutenseite genutzt. Die Summe beider Werte ergibt das Gesamtgewicht. Man kann auch das komplette Volk auf einer Waage über das ganze Jahr stehen lassen. Dieses „Wiegevolk" gibt zudem Auskunft über den Futterverzehr (Gewichtsabnahme) oder die hereinkommende Tracht (Zunahme). Das „Leergewicht" eines Volkes ist vom Beutentyp und -material abhängig. Sie können eine Beute mit Leerwaben vorab wiegen. Die Bienen machen nur einen kleinen Anteil im Gesamtgewicht eines eingefütterten Volkes aus.

▸ Rechtstelegramm

Futtermittel dürfen die Qualität der von Nutztieren gewonnenen Erzeugnisse nicht beeinträchtigen und die Gesundheit von Tieren nicht schädigen (§ 3 Futtermittelverordnung).

Honig- und Wachsgewinnung

Rund um den Honig

▶ **Wie muss der Honig sein? –
Welche Auflagen muss er erfüllen?**

Honig ist ein Lebensmittel, das nicht nur nahrhaft, sondern auch genießbar sein sollte. Der Imker darf den Honig in jedem Zustand selbst verzehren, doch bereits Honig, der verschenkt werden soll, muss genauso wie verkaufter Honig die gesetzlichen Anforderungen des Lebensmittelrechtes erfüllen (siehe S. 81). Die wichtigsten Anforderungen werden intensiv in den „Honigkursen" der Bieneninstitute sowie der Imkerverbände vermittelt. Eine Voraussetzung, um als Mitglied des DIB dessen Gewährstreifen und Honiggläser benutzen zu dürfen, ist die erfolgreiche Teilnahme.

▶ Honig muss völlig unbehandelt – „naturbelassen" – sein.

▶ Der Wassergehalt sollte nicht mehr als 17,0 % Wasser enthalten. Bei höherem Wassergehalt besteht die Gefahr, dass der Honig in Gärung übergeht.

▶ Verunreinigungen des Honigs (Wachs- und Insektenteilchen usw.) verhindern Sie, indem der Honig nach dem Verlassen der Schleuder durchgesiebt (und ggf. durchgeseiht) wird.

▶ Der Honig soll gleichmäßig und fein kandieren. Daher muss er nach der Schleuderung regelmäßig gerührt werden (siehe S. 78).

▶ Honig darf nur in saubere Honiggläser oder Honigeimer gefüllt werden.

▶ Falls Sie den Honig in Gläser oder Eimer des Deutschen Imkerbundes (DIB) abfüllen und mit der Banderole kennzeichnen, müssen die Auflagen des DIB erfüllt werden. (Voraussetzung ist die Mitgliedschaft im DIB.)

▶ Honig muss unter geeigneten hygienischen Bedingungen gewonnen werden (siehe S. 80 ff.).

KONTROLLE ▶ Die in der Auflistung genannten Parameter werden bei einer Honiguntersuchung (Lebensmittelüberwachung oder Bieneninstitut) u. a. zur Qualitätsbestimmung untersucht.

Die botanische Herkunft (Sortenhonig) wird über Pollenanalyse (mikroskopisch), sensorisch sowie chemisch-physikalische Parameter ermittelt.

Ein Honig mit Sortenangabe (z. B. Raps-, Heide- oder Sommerhonig) muss überwiegend (mind. 60 %) aus der angegebenen Tracht stammen. Bei regionalen Angaben (z. B. Honig aus Deutschland) muss der Honig ausschließlich (100 %) aus der Region stammen.

WAS DARF DER IMKER NICHT MIT DEM HONIG MACHEN? ▶

▶ Jeder Imker sollte bestrebt sein, die o. g. Anforderungen zu erfüllen. Halten Sie sich unbedingt an diese Auflagen, damit Ihr Honig nicht von der Lebensmittelüberwachung bei einer unangekündigten Kontrolle beanstandet werden kann (Rechtliches siehe S. 81).

▶ Zusätze von irgendwelchen Stoffen (Farb- und Süßstoffe etc.) sind nicht er-

Chemisch-Physikalische Merkmale der Zusammensetzung des Honigs

(zitiert nach Anhang 2 der Richtlinie 2001/110/EG (vgl. Anlage in der Honigverordnung)

Zuckergehalt
- Fructose- und Glucosegehalt (Summe)
  Blütenhonig   mind. 60 g/100 g
- Honigtauhonig, allein oder in Mischung
  mit Blütenhonig   mind. 45 g/100 g

Saccharosegehalt
- Im Allgemeinen   max. 5 g/100 g
- Honig von Robinie (*Robinia pseudoacacia*),
  Luzerne (*Medicago sativa, Banksia menziesii*)
  Süßklee (*Hedysarum*)   max. 10 g/100 g

Wassergehalt
- Im Allgemeinen   max. 20 %
- Honig von Heidekraut (*Calluna*) und
  Backhonig im Allgemeinen   max. 23 %

Gehalt an wasserunlöslichen Stoffen
- Im Allgemeinen   max. 0,1 g/100 g
- Presshonig   max. 0,5 g/100 g

Elektrische Leitfähigkeit
- Nachstehend nicht aufgeführte Honigarten und
  Mischungen dieser Honigarten (Linde, Erika)   max. 0,8 mS/cm
- Honigtauhonig und Kastanienhonig sowie
  Mischungen dieser Honigarten mit Ausnahme
  der nachstehend aufgeführten Honigarten   mind. 0,8 mS/cm

Gehalt an freien Säuren
- Im Allgemeinen   max. 50 Milliäquivalente Säure/kg
- Backhonig   max. 80 Milliäquivalente Säure/kg

Diastasezahl und Hydrozzmethylfurfuralgehalt (HMF), bestimmt nach Behandlung und Mischung

- a) Diastasezahl (Schade-Skala):
- Im Allgemeinen mit Ausnahme von Backhonig Honig-   mind. 8
  arten mit einem geringen natürlichen Enzymgehalt
  (z. B. Zitrushonig) und einem HMF-Gehalt von   höchstens 15 mg/kg mind. 3

- b) HMF
- Im Allgemeinen, mit Ausnahme von Backhonig   max. 40 mg/kg
- Honig mit angegebenem Ursprung in Regionen
  mit tropischem Klima und Mischungen solcher
  Honigarten   max. 80 mg/kg

laubt. Honig, z. B. mit Zimtstangen, darf nicht mehr „Honig" genannt werden.

▶ Dem Honig dürfen keine eigenen Bestandteile entzogen werden (Filtrierter Honig siehe S. 77).

▶ Erwärmung des Honigs (z. B. beim Verflüssigen kandierten Honigs) ist nur bis max. 40 °C zulässig; höhere Temperaturen zerstören den Honig.

▶ Verunreinigungen mit Staub, Rost, Bienen oder Bienenbrut, Haaren usw. sind unbedingt zu vermeiden.

▶ Honigarten

Je nach Ausgangsstoffen werden folgende Honige unterschieden: Blütenhonig, der von den Bienen überwiegend aus Blütennektar gewonnen wird, und Honigtauhonig, der überwiegend aus anderen Sekreten lebender Pflanzen oder den Sekreten von pflanzensaugenden Insekten stammt. Eine genauere Unterscheidung von Honig nach Sorten kann nur dann getroffen werden, wenn der Honig überwiegend den genannten Blüten oder Honigtauerzeugern entstammt und entsprechende sensorische, physikalisch-chemische und mikroskopische Merkmale aufweist. Die Honigbiene ist zwar blütenstet und nutzt primär die sehr ergiebigen Trachtquellen (Rohstoffquelle für Nektar bzw. Honigtau), zur Gewinnung von Sortenhonigen sind trotzdem noch besondere Kenntnisse des Imkers erforderlich. Wichtige Voraussetzungen sind: die entsprechende Trachtquelle, z. B. ein blühendes Rapsfeld oder an einer Lindenallee, muss ergiebig sein, die Anzahl der Pflanzen muss möglichst groß sein, die richtige Anzahl Bienenvölker muss zum richtigen Zeitpunkt aufgestellt werden, es darf keine zu große Konkurrenztrachten geben, der Honig muss rechtzeitig vor Beginn der Blütezeit einer anderen Massentracht geerntet werden. Bestimmte Sortenhonige können ausschließlich im Ausland produziert werden, da die Pflanzen in Deutschland überhaupt nicht oder nicht ausreichend vorkommen. Zulässig sind außerdem regionale, territoriale oder topografische Angaben, wenn der so bezeichnete Honig ausschließlich die angegebene Herkunft aufweist.

Unterschiedliche Honige. Frisch geschleuderter Blütenhonig, kandierter Rapshonig, flüssiger Tannenhonig, kandierter Sonnenblumenhonig. (v. li. n. re.)

▶ Konsistenz des Honigs

Honig ist bei der Gewinnung (Schleuderung) immer flüssig, später werden einige Honige fest. Ob sie in flüssiger oder fester (kandierter) Form vorliegen, ist von vornherein kein Hinweis auf Qualität. Die Kandierung hängt überwiegend vom natürlichen Fructose-Glucose-Verhältnis ab: Rapshonig kandiert wenige Tage nach der Schleuderung, Akazienhonig fast nie. Eine gleichmäßige, feinkörnige Kandierung kann durch mechanisches Rühren des Honigs erreicht werden.

> **▶ Wichtig**
>
> Grobkörnige Kandierung oder mehrere Schichten entstehen, wenn z. B. Honig nicht genügend gerührt wurde oder die Kandierung noch nicht vollständig abgeschlossen ist.

Beim Übergang von flüssig nach fest verändert der Honig seine Farbe: der Honig wird heller.

ALTERUNG ▶ Die Auftrennung des Honigs in zwei Schichten kann sowohl bei sachgerecht kühler Lagerung nach ca. 1,5 Jahren, als auch bei zu warmer Lagerung auftreten. Dies kann als Hinweis auf Überalterung und damit verbundenen Qualitätsverlust, bzw. auf Übererwärmung gelten – eine Laboruntersuchung (HMF-Gehalt und Enzymaktivität) kann hier Klarheit schaffen. Derartiger Honig ist als Backhonig oder für die Metherstellung sinnvoll zu verwenden.

Gegorener Honig. Typisch sind Schaumbildung und alkoholischer Geruch.

▶ Gärung von Honig

Honig ist aus Sicht der Lebensmittelüberwachung kein „kritisches" Lebensmittel, da der hohe Zuckergehalt und der niedrige pH-Wert ein ungünstiges Milieu für Fäulniserreger darstellen. Die größte Gefahr ist das Einsetzen der alkoholischen Gärung, die bei zu hohem Wassergehalt, z. B. bei der vorzeitigen Ernte unreifen Honigs, auftreten kann. Zahlreiche Hefearten kommen natürlich in Honig vor. Jedoch können nicht alle Hefearten im Honig

aktiv werden. Die Gärung wird durch Wassergehalt, Anzahl der Hefen und Lagertemperatur beeinflusst. Vergorener Honig ist als Speisehonig nicht verkehrsfähig und daher ausschließlich als Backhonig oder zur Metherstellung zu verwenden. Typisch sind der gärige Geruch und die Schaumbildung.

▶ Wann ist Honig schleuderreif?

Sie können meist eine Woche nach Trachtende mit der Ernte beginnen.

Die Bienen versiegeln in der Regel die honiggefüllten Zellen mit einem Wachsdeckelchen, wenn der Honig den kritischen Gehalt an Wasser verloren hat und lagerfähig ist (im Raps nicht immer der Fall).

> ### ▶ Wichtig
>
> Nie während einkommender Tracht schleudern – erst sieben Tage nach Trachtende! Dieser Zeitpunkt ist erreicht, wenn kein frischer, dünnflüssiger Honig mehr eingetragen wird. Falls sich dies nicht vermeiden lässt, nur gänzlich verdeckelte Waben entnehmen und schleudern (Messen mit Refraktormeter).

Sie brauchen daher nur die Waben zu kontrollieren, ob die Bienen den Honig für haltbar ansehen. Eine Wabe enthält schleuderreifen Honig, wenn sie etwa zu Dreiviertel oder ganz verdeckelt ist.

Honig aus der Spättracht (Spätsommer) wird manchmal von den Bienen sehr langsam (oder gar nicht) verdeckelt, obwohl der Wassergehalt schon ausreichend gesenkt wurde. Mit der Stoßprobe können Sie feststellen, ob der Honig schleuderreif ist oder nicht.

STOSSPROBE ▶ Halten Sie die Honigwabe waagerecht und versetzen Sie

Stoßprobe. Der frische, nicht schleuderreife Honig tropft aus der Wabe.

Blütenhonige (kleine Auswahl)

Honigsorte	Farbe	Geruch/Geschmack	Konsistenz/Besonderheiten
Akazienhonig	flüssig: gelb	mildes Aroma	▸ kandiert extrem langsam/fast nie
Heidehonig	flüssig: hell/rotbraun fest: gelblich/braun	herb, „heideartig"	▸ im flüssigen Zustand gelartig ▸ kandiert fein grobkörnig
Kleehonig	flüssig: hellgelb/hellbraun fest: weiß bis hell-dunkelgelb	mild aromatisch	▸ kandiert feinkörnig, cremig
Lindenhonig	flüssig: hellgelb/braun fest: weiß, beige, braun (je nach Verhältnis Nektar: Honigtau)	kräftiges herbes Aroma (medizinisch) Lindenaroma	▸ kandiert
Löwenzahnhonig	flüssig: goldgelb fest: gelb	intensives Aroma	▸ dickflüssig ▸ kandiert feinkörnig
Rapshonig	flüssig: hellbeige/hellgelb fest: weiß /gelb (schmalz artig)	schwach süßlich	▸ dünnflüssig ▸ kandiert sehr schnell und feinkörnig, cremig oder hart

Honigtauhonige (kleine Auswahl)

Honigsorte	Farbe	Geruch/Geschmack	Konsistenz/Besonderheiten
Tannenhonig	flüssig: dunkelbraun, leicht grünlich fest: dunkel	harzig, herb	▸ zähflüssig ▸ kandiert sehr langsam, grobkörnig
Waldhonig	flüssig: dunkelbraun fest: dunkel	würzig, herb	▸ zähflüssig ▸ kandiert langsam, grobkörnig

ihr einen Stoß. Der Honig ist schleuderreif, wenn er bei diesem Test nicht aus der Wabe spritzt.

DIE HONIGERNTE ▸ Bei einer kleinen Anzahl der Völker lohnt es sich, die Bienen von den Honigwaben von Hand abzufegen. Hilfsgeräte sind bei mehr Völkern sinnvoll.

Methode A Abfegen der Honigwaben von Hand.

BENÖTIGTE MATERIALIEN Grundausrüstung: leere Hobbocks, Wassersprüher, bienendichte Beuten oder Transportkisten für Honigwaben, ein Holzbrett.

OPTIMALER ZEITPUNKT Während des

Messung des Wassergehalts mit Refraktormeter.

(Flug-)Tages sind die meisten Sammlerinnen unterwegs und können die Arbeit nicht behindern. Zum Zeitpunkt von starker Räuberei (häufig nach Ende der Lindentracht), besser am Ende des Flugbetriebs kurz vor der Dämmerung.

Honigernte. Entnahme und Abfegen der Waben. Transportkästen erleichtern das Tragen. Besprühen der abgefegten Bienen mit Wasser, Zurückschütten in die Leerzarge, Verschließen des Volkes. (v. ob. n. unt.)

ARBEITSSCHRITTE

1. Entnehmen Sie die schleuderreifen Waben aus dem Honigraum.

2. Stoßen oder fegen Sie die aufsitzenden Bienen von den Honigwaben in den leeren Hobbock.

3. Die brutfreie Honigwabe wird in die leere Beute (bienendicht verschlossen) oder in eine Wabentransportkiste gestellt. Diese Kisten erleichtern das Tragen gegenüber vollen Zargen.

4. Entnehmen Sie die schleuderreifen Honigwaben aus den Honigräumen, falls komplette Zargen entleert werden – es sollte eine Leerzarge über dem Absperrgitter verbleiben oder eine nur zur Hälfte mit Waben besetzte Zarge.

5. Nach der letzten Honigwabe wird gegen den Hobbock geklopft und die Bienenmasse sackt im Hobbock zusammen. Sprühen Sie die Bienen mit Wasser ein.

6. Schütten Sie die Bienen in die Leerzarge bzw. in die halbleere Zarge und setzen Sie die Deckel auf.

ABWANDLUNG Anstelle des Abstoßens oder Abfegens der Bienen mit Gänseflügel werden Abfegemaschinen verwendet. Die Wabe wird zwischen Bürsten gezogen und die Bienen auf diesem Wege abgefegt – lohnt ab größerer Völkerzahl. In Großimkereien werden auch Gebläse für diese Arbeit eingesetzt. Für den „Normalimker" gibt es aber auch die Bienenflucht.

Methode B Einsatz einer Bienenflucht.

BENÖTIGTE MATERIALIEN Grundausrüstung, je Volk einen Zwischendeckel oder Brett mit zwei eingebauten Bienenfluchten oder ein dünnes Brett mit zwei Bienenfluchten.

OPTIMALER ZEITPUNKT Am Tag/Abend vor der eigentlichen Entnahme der Honigwaben.

VORAUSSETZUNG Die Königin ist nicht im Honigraum (Absperrgitter).

ARBEITSSCHRITTE

1. Setzen Sie den Honigraum mit den schleuderreifen Waben zur Seite. Evtl. tauschen Sie Waben aus, damit der Honigraum voll mit verdeckelten Honigwaben ist. Es dürfen keine Brutwaben in dem Raum sein!

2. Setzen Sie den Zwischendeckel mit Bienenfluchten auf die untere Zarge – Absperrgitter vorher entfernen. Den Honigraum setzen Sie über die Bienenflucht. Die Bienen vermissen den Kontakt zum Volk und verlassen den Honigraum durch die Bienenfluchten, die nur in einer Richtung passierbar sind.

3. Am nächsten Tag sitzen nur wenige oder keine Bienen im Honigraum, den Sie nur noch abzunehmen brauchen.

**DIE HONIGSCHLEUDERUNG – VOR-
BEREITUNGEN** ▶ Die Honigwaben
transportieren Sie zu ihrem Schleuderraum, in dem Sie die Ausrüstung aufgebaut haben. Neugierige und „hilfsbe-
reite" Helfer sind leicht zu bekommen
– wie Sie merken werden.

BENÖTIGTE MATERIALIEN Entdeck-
lungsgeschirr, Entdecklungsgabel oder
-messer, Honigschleuder, mehrere
Spitzsiebe, mehrere Honigeimer (10 l),
mehrere Hobbocks, ein Eimerhalter.
Möglichkeiten, die Hände und die
Geräte zu reinigen. (Hygienestandards
siehe S. 80).

OPTIMALER ZEITPUNKT Die Honigwaben sollten möglichst warm geschleudert werden, z. B. direkt nach der
Entnahme aus den Völkern – es sei
denn, Sie können den Raum mit Honigwaben auf 25 °C heizen.

ENTDECKELN DER HONIGWABEN ▶
Der Honig kann aus den verdeckelten
Zellen erst nach dem Entfernen – Ent-
deckeln – der Wachsdeckel geschleu-

Zwischenboden mit
drei Bienenfluchten.

dert werden. Dies geschieht mit der
Entdeckelungsgabel: Legen Sie die Wabe auf das Gestell des Entdeckelungsgeschirrs. Heruntertropfender Honig
wird in der Wanne aufgefangen. Setzen
Sie die Gabel an der unteren Wabenseite an, und schieben Sie die Zinken der
Gabel dicht unter den Wachsdeckeln
her. Entdeckeln Sie nacheinander beide
Wabenseiten. Das zusammengeschobe-

Entdeckeln der Ho-
nigwaben mit Ent-
decklungsgabel (li.
u. ob.). Abgestellte,
entdeckelte Waben
vor der Schleude-
rung (re.unt.).

ne Entdeckelungswachs kann in der Wanne des Entdeckelungsgeschirrs abtropfen. Das Wachs können Sie später einschmelzen – vorher „abtropfen" lassen oder in einer Spezialtasche in der Schleuder ausschleudern.

Die entdeckelte Wabe kann auf einem Gestell bis zur Schleuderung warten. Statt mit einer Entdeckelungsgabel können Sie die Zelldeckel auch mit dem Entdeckelungsmesser entfernen.

SCHLEUDERN DES HONIGS ▶

Schleuderhonig wird durch Schleudern der brutfreien Waben gewonnen. Die Waben werden hierbei nicht oder nur unwesentlich beschädigt und können daher mehrfach wiederverwendet werden. Der Schleudervorgang erfolgt auf keinen Fall nach einer Erwärmung der Waben über 20 – 25 °C hinaus, da sonst das Wachs an Festigkeit verliert und die Waben kollabieren. Der Begriff „kalt geschleudert" ist daher eine Werbung mit Selbstverständlichkeit. Der meiste Honig wird durch Schleuderung gewonnen – selten gepresst.

Die Waben werden in die Honigschleuder gestellt.

Die entdeckelten Waben werden in die Schleuder gestellt. Bei den häufigsten Schleudertypen, den Tangentialschleudern, sollte das Rähmchenunterteil in Drehrichtung der Schleuder zeigen, dann ist die Stellung der Zellen richtig. Schließen Sie nach Befüllung die Schleuder und kontrollieren Sie, ob der Auslasshahn geöffnet ist. Unter diesem Hahn steht ein Honigeimer, der den Honig auffängt.

Drehen Sie langsam die Kurbel der Schleuder, bis Sie eine mittlere Geschwindigkeit erreicht haben. Bremsen Sie die Waben vorsichtig ab. Erst wenn der Wabenkorb steht (Unfallgefahr!), sollten Sie die Schleuder öffnen und die Waben wenden (Rähmchenunterteil in Drehrichtung). Beim Ausschleudern der Wabenrückseite verfahren Sie wie oben beschrieben; jetzt können Sie die Wabe mit höherer Geschwindigkeit ausschleudern. Eventuell wenden Sie die Waben noch einmal.

Helle Waben sind weniger stabil und zerbrechen leichter bei der Schleuderung. Dies verhindern Sie, indem Sie die Wabe 2–3-mal vorsichtig mit steigender Geschwindigkeit anschleudern und jeweils wenden.

Bei kleinen 2-Wabenschleudern sollten im Schleuderkorb die gegenüberliegenden Waben gleich schwer sein, sonst entsteht eine Unwucht, und die Schleuder wird sehr unruhig laufen.

SIEBEN DES HONIGS ▶

Grobe und feine Wachsteilchen, aber auch Bienenbeine haben nichts im Honig zu suchen. Deshalb passiert der Honig das Spitzsieb, das über einem Honigeimer oder einem Hobbock steht. Es finden noch Doppelsiebe Verwendung, die jedoch deutlich grober sind und deshalb

Sieben des Honigs mit Spitzsieb (li.). Umfüllen des gesiebten Honigs. Der Eimerhalter erleichtert das Leerlaufen (re.).

nicht mehr empfohlen werden. Anderenfalls müsste der Honig zusätzlich ein Seihtuch passieren (Mehraufwand).

Filtrierter Honig

Mit dem beschriebenen Verfahren des Siebens von Honig (Spitzsieb) werden unerwünschte Partikel wie Wachsteilchen und Bienenbeine aus dem Honig gesiebt. Neuerdings ist auch filtrierter Honig in der EU erlaubt: Mit Druck wird der Honig durch extrem feine Filter gepresst, so dass auch Pollenkörner und andere, honigtypische Bestandteile entzogen werden. Die Qualität des Honigs wird hierdurch verschlechtert und der Nachweis der Honigsorte über Pollenanalyse ist nicht mehr möglich. Daher ist es wichtig, den Unterschied zwischen Sieben und Filtrieren dem Kunden klar zu machen!

UMFÜLLEN IN DEN HOBBOCK ▶ Der Honigeimer unter der Schleuder wird in den 40 kg-fassenden Kunststoffhobbock oder in einen Edelstahlabfüllbehälter umgefüllt. Der Eimerhalter erleichtert diesen Arbeitsschritt. Stoppen Sie das Befüllen bei mindestens 10–15 cm unterhalb des Hobbockrandes, denn der Honig muss noch gerührt werden und sollte dabei nicht überlaufen.

BEENDIGEN DER SCHLEUDERUNG, RÜCKGABE DER WABEN ▶ Nachdem Sie alle Waben geschleudert haben, verschließen Sie die Honiggefäße und reinigen sogleich die Gerätschaften wie die Schleuder, das Entdeckelungsgeschirr, die Siebe und den Schleuderraum.

Die ausgeschleuderten Waben setzen Sie (möglichst zargenweise) am Abend auf die Völker. Die Bienen reinigen und reparieren die Waben inner-

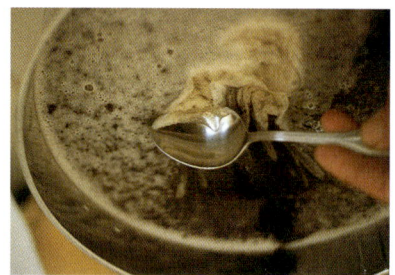

Abschäumen (li.) und Rühren des Honigs (re.).

halb weniger Tage. Nach der letzten Schleuderung können die Waben auch feucht eingelagert werden (siehe S. 85). Vorteil: Weniger Räuberei in der trachtarmen Zeit (Juli/August)!

HONIGPFLEGE – ABSCHÄUMEN ▶
An den beiden ersten Tagen nach der Schleuderung ziehen Sie den Schaum (Luftblasen) von der Oberfläche des Honigs im Honigkübel ab. Hierzu sollten Sie einen Teigschaber oder einen Löffel verwenden. Sie können den schaumhaltigen Honig essen!

HONIGPFLEGE – RÜHREN ▶ Der Honig kandiert sehr gleichmäßig, wenn Sie die natürlichen Kristallisationskeime gleichmäßig im Honig verteilen. Hierzu rühren Sie den Honig mit einem Dreikant-Rührstab (oder z. B. mit einer Rührspirale – im Handel sind unterschiedliche Geräte erhältlich). Frühjahrshonig sollten Sie täglich 1–2-mal rühren, denn er kandiert innerhalb von 8–14 Tagen. Dunkler Waldhonig kandiert erst 3–9 Monate nach der Schleuderung; Sie sollten ihn mindestens einmal in der Woche rühren.

ABFÜLLEN DES HONIGS ▶ Für einen cremigen oder festen Honig empfiehlt sich die Abfüllung, wenn der Honig nach einigen Wochen Rühren „grie-

selig" wird. Sie können den Honig von einem Gefäß mit einem Quetschhahn direkt abfüllen.

Das trockene und saubere Honigglas (Spülmaschine) wird auf eine geeichte Waage gestellt und die entsprechende Honigmenge eingefüllt. Für Selbstverzehr ist selbstverständlich keine Waage nötig!

In den Deckel des Honigglases legen Sie die Pappeinlage, die unter mehrere Kunststoffeckchen geklemmt wird – einige Deckel, neuerdings auch vom DIB, benötigen keine Deckeleinlage mehr. Gläser, Eimer und Pappeinlagen erhalten Sie im Imkereifachhandel (Kennzeichnungen des Honigs siehe S. 81).

▶ Art und Größe der Honigschleuder

Im Handel werden die unterschiedlichsten Typen von Honigschleudern angeboten. Sie unterscheiden sich:
▶ in der Art des Antriebs (Handkurbel oder Motor),
▶ in der Anzahl der Waben, die der Wabenkorb aufnehmen kann (2–40 und mehr),
▶ in der Stellung der Waben: Tangential- und Radial- oder Radschleuder,
▶ ob Sie die Waben selbst wenden müssen, oder ob dies automatisch geschieht (Selbstwendeschleuder).

Rührspirale und Bohrmaschine mit Langsamlauf bzw. Akkuschrauber). Abfüllen ins Honigglas. Gewichtskontrolle mit Waage (unten).

Für eine kleine Imkerei mit 5 Bienenvölkern reicht vielfach eine 3-Waben-Schleuder mit Handkurbel. Bei guter Ernte kann jedoch auch bei wenigen Bienenvölkern das Schleudern mühsam und zeitaufwendig werden. Daher sollten Sie keine zu kleine Schleuder kaufen. Eine 2-Wabenschleuder ist meist zu klein. Teilweise lassen sich handbetriebene Schleudern auch mit einem Elektromotor nachrüsten.

▶ TIPP

Honigbehälter und Honigschleuder sollten Sie nur aus Edelstahl kaufen, da dieser nicht rostet. Alle Geräte und Behälter müssen gereinigt und trocken gelagert werden.
Decken Sie die Gegenstände mit einer Plastikplane ab (Schutz gegen Staub). Sie können auch mit mehreren Kollegen eine Schleuder benutzen.

▶ Verflüssigung kandierten Honigs

Falls Sie Honig nach der Rührphase nicht direkt abfüllen möchten, können Sie ihn in luftdicht verschließbaren Kübeln kandieren lassen.

LAGERBEDINGUNGEN Trocken und sauber, Temperatur < 15 °C.

Zum Verflüssigen stellen Sie den verschlossenen Honigkübel in einen Auftauschrank, der im Prinzip nur aus einem isolierten Kasten besteht, der mit einer sehr schwachen Heizung ausgestattet ist. Die maximale Temperatur des Honigs darf nicht 40 °C überschreiten, da der Honig sonst geschädigt wird.

Nach auftauen und kurz einmal rühren, füllen Sie den Honig ab. Den „Auftauschrank" können Sie im Handel kaufen – er sollte eine genaue Temperaturregulierung besitzen. Es lohnt nur Honig in optimaler Konsistenz, wie beschrieben, in Lagergebinde zu füllen!

▶ Überprüfen des Wassergehalts

Mit einem Refraktormeter (optisches Messgerät) können Sie den Wassergehalt des Honigs bestimmen. In vielen Imkervereinen lässt sich ein solches Gerät vom Verein oder Kollegen ausleihen.

Notfalls lässt sich durch Mischen von weniger wasserhaltigem mit etwas zu viel wasserhaltigem Honig der Grenzwert (siehe S. 73) einhalten. Honig mit zu viel Wasser sollte für den Eigenverbrauch, fürs Backen oder zur Metproduktion (Honigwein) verwendet werden.

▶ Das Einheitsglas des DIB

Das Einheitsglas des DIB, bestehend aus dem Glas selbst, dem Deckel und dem Gewährverschluss, ist eine eingetragene Marke. Nur Mitglieder des Deutschen Imkerbundes dürfen ihren Honig in die Einheitsgläser des DIB abfüllen und mit der Banderole kennzeichnen. Voraussetzung ist jedoch, dass die Anforderungen der staatlichen Honigverordnung und die Güteverordnung des DIB erfüllt werden. Außerdem muss ein Honigkurs-Lehrgang des DIB z. B. im Imkerverein oder Bieneninstitut absolviert werden. Hierdurch wird sichergestellt, dass der Imker die nötigen Kenntnisse hat.

▶ Hobby-Imkerei und Lebensmittelhygiene

Die Honiggewinnung findet nur ca. 2–3-mal im Jahr statt. Von daher ist es akzeptabel, wenn in Kleinimkereien auf separate Herstellungsräume ver-

Zwei Honigspezialisten beim Probieren.

Als hygienische Grundvoraussetzungen sind folgende Bedingungen unverzichtbar:

1. Vor Arbeitsbeginn sind die Räume und Geräte einer intensiven Grund-reinigung zu unterziehen.

2. Handwaschmöglichkeiten mit Seifenspender und Einmalhandtüchern müssen vorhanden sein. Besonders in Garten- oder Bienenhäusern empfiehlt sich die Anschaffung eines mobilen Handwaschbeckens, wenn kein Wasseranschluss vorhanden ist.

3. Keine „Staubfänger" wie z. B. Gardinen oder Bücherregale.

4. Während der Arbeitsgänge sind Haustiere unbedingt aus den Räumen fernzuhalten.

5. Reinigungsmöglichkeiten für die Gerätschaften müssen vorhanden sein. Ggf. sind die Geräte an einen Ort zu transportieren, an dem eine Reinigung möglich ist. Empfehlenswert ist die Verwendung einer Spülmaschine für kleinere Gerätschaften und Honiggläser. Bei den sperrigen Geräten sollte

zichtet wird. Wer diese(n) jedoch einrichten kann, erleichtert sich und den Mitnutzern der umfunktionierten Küchen-, Waschküchen- oder Trockenkellerräume Mühe und evtl. Ärger.

Honig und Botulismus

(VON DER OHE 2001, Bieneninstitut Celle):

„Seit 1989 ist die Erkrankung an Säuglings-Botulismus durch einen Fall in Brandenburg wieder in die öffentliche Diskussion geraten. Verantwortlich für Botulismus ist ein Bakterium, *Clostridium botulinum*, das in seinem Stoffwechselgeschehen ein Toxin (Nervengift) bildet, welches zu Lähmungen bis hin zum Tod führen kann. Da das Bakterium überall auftreten kann (Wasser, Boden, Pflanzenmaterial, etc.), könnte es auch von Bienen eingetragen werden und somit in den Honig gelangen.

Im Honig kann sich das Bakterium nicht entwickeln (nicht aktiv werden) und auch nicht im Darm von Kindern, Jugendlichen und Erwachsenen. Es ist nur bedenklich bei Säuglingen bis zu zwölf Monaten, da diese noch ein empfindliches Darmsystem haben.

Wir empfehlen, Säuglingen unter zwölf Monaten sicherheitshalber keinen Honig zu geben."

mit heißem Wasser in ausreichender Menge gereinigt werden.

6. Während des Schleudervorgangs und der Weiterbearbeitung des Honigs sind in Küche und Waschküche keine anderen Tätigkeiten zu gestatten.

7. Ein baulich guter Zustand der Räumlichkeiten ist zu fordern.

8. Ist der Boden nicht leicht zu reinigen, ist er mit einer Folie auszulegen.

9. Der Imker und seine Hilfskräfte sollen saubere Arbeitskleidung und eine Kopfbedeckung tragen. Auf das Essen, Trinken und Rauchen ist in den Räumen während des gesamten Arbeitsprozesses zu verzichten.

10. Wird ein Garten- oder Bienenhaus benutzt, ist es unter den gleichen Gesichtspunkten herzurichten.

Wichtig

Sämtliche Arbeitsschritte müssen unter hygienisch einwandfreien Bedingungen durchgeführt werden – dies ist das Ziel für jede Hobby-Imkerei.

▸ Neue Lösungsansätze für Kleinimkereien

Besonders Imker mit Stadtwohnungen und Jungimker sehen eine Chance in der Zusammenarbeit und gemeinsamen Nutzung von Geräten.

Folgende Alternativen sollen als Anregung dienen:

▸ Imker können Arbeitsgemeinschaften bilden, die gemeinsam geeignete Räumlichkeiten nutzen. In diesem Fall könnten kostspielige Großgeräte gemeinsam angeschafft und genutzt werden.

▸ Gemeinsame Anmietung von geeigneten Räumen (z. B. Schulküchen), ggf. Nutzung von Großgeräten.

▸ Bei geeigneten Schleuderräumen

aber fehlenden Abfüllmöglichkeiten kann die Abfüllung in einer Großimkerei oder einem kommerziellen Honigabfüllbetrieb vorgenommen werden.

Verzicht auf den Honigverkauf in Kleinstimkereien mit 1–2 Bienenvölkern, wenn die Hygieneanforderungen nicht annähernd erfüllt werden können.

Rechtstelegramm

▸ Alle Gerätschaften zur Honiggewinnung und Aufbewahrung sind mit heißem Wasser zu reinigen, Behältnisse sind bienendicht zu verschließen.

▸ Die Hygiene in den Arbeitsräumen ist ebenfalls in der Verordnung über Lebensmittelhygiene und zur Änderung der Lebensmitteltransportbehälterverordnung geregelt.

▸ Es ist verboten, Lebensmittel für andere derart herzustellen oder zu behandeln, dass ihr Verzehr geeignet ist, die Gesundheit zu schädigen (§ 8 LMBG).

▸ Die Verbände, z. B. Deutscher Imkerbund e. V., können ihre Mitglieder auf verbindliche Qualitätsstandards verpflichten.

▸ Honiggläser sind mit dem Namen des Imkers/Abfüllers oder Verkäufers, dessen Anschrift, der Bezeichnung „Honig" und der Gewichtsangabe zu versehen. Jedes Honigglas muss mit einer Losnummer (auf der Banderole des DIB bereits gedruckt) versehen sein. Eine gesundheitsbezogene Werbung ist für Lebensmittel verboten (Lebensmittelkennzeichnungsverordnung, § 1 Los-Kennzeichnungsverordnung).

▸ Auf dem Glas muss der Preis für das Glas und der Preis pro Kilogramm angegeben sein (§§ 1, 2 Preisangabenverordnung).

Die mittlere und die rechte Waben sollten eingeschmolzen werden (li.). Sonnenwachsschmelzer (re).

Rund ums Wachs

Wachs war früher sehr wertvoll, denn Bienenwachskerzen gab es nur für besondere Anlässe. Je Wirtschaftsvolk können Sie bei guten Trachtverhältnissen, insbesondere in der Rapstracht, durch Gabe von Mittelwänden in jedem Jahr mind. 30 % Wabenerneuerung betreiben. Die hellen Waben garantieren große Bienen, während dunkle Brutwaben leicht erkennbar kleinere Bienen zur Folge haben.

Folgende Wachssorten fallen in der Imkerei an und können eingeschmolzen werden: Altwaben, Drohnenbau, Entdeckelungswachs.

Das gewonnene Wachs kann im Imkerbedarfsladen gegen eine Bearbeitungsgebühr in fertige Mittelwände eingetauscht werden. Alternativ können Sie die Mittelwände selbst gießen oder auch Bienenwachskerzen mittels Guss- oder Tauchverfahren herstellen.

▶ Geräte zum Wabeneinschmelzen

Je nach Größe der Imkerei lohnt sich die Verwendung von Küchengeräten oder die Anschaffung von Wachsschmelzern – hier ist die Gerätevielfalt sehr groß. Folgende Kurzbeschreibung kann Ihnen Denkanstöße geben:

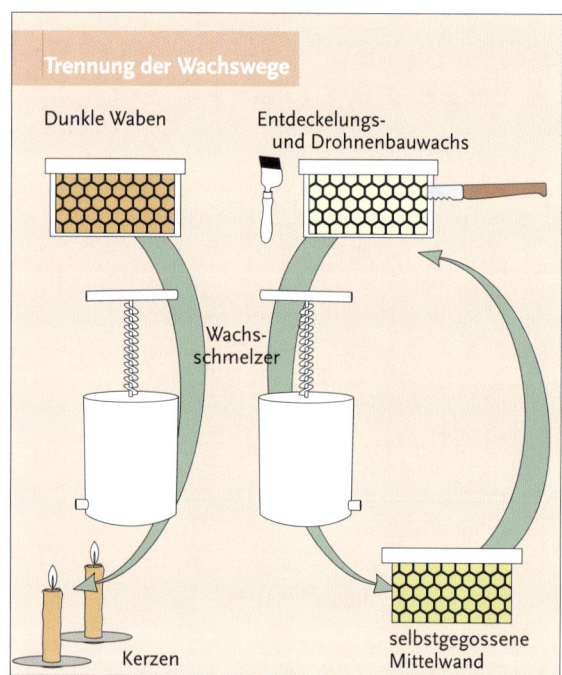

Trennung der Wachswege

Dunkle Waben

Entdeckelungs- und Drohnenbauwachs

Wachsschmelzer

Kerzen

selbstgegossene Mittelwand

Waben im Kochtopf Altwaben werden mit dem Messer ausgeschnitten oder kommen komplett mit Rähmchen in heißes (ca. 80 °C) Wasser. Mit einer Schöpfkelle wird das flüssige Wachs an der Oberfläche abgeschöpft und durch einen Filter (z. B. Damenstrumpfhose) geschüttet. Anschließend wird der Trester von Hand (Gummihandschuhe mit Fütterung) oder mit einer Spindelpresse gepresst. Der Topf wird ab sofort für's Kochen weniger geeignet sein!

Entsafter Ausgeschnittene Waben werden mit Wasser im Entsafter verarbeitet. Hierfür besser ein Altgerät verwenden – ansonsten schmecken Fruchtsäfte nach Trester.

Dampfgenerator Zwei oder mehr alte Leerzargen mit Boden und Deckel werden umfunktioniert. In die untere Zarge wird ein Loch für den Schlauch des Dampfgenerators gebohrt. Die untere Zarge wird mit einem Metallabsperrgitter abgedeckt. In die obere Zarge werden die kompletten Rähmchen gehängt oder das ausgeschnittene Wachs direkt über das Absperrgitter gelegt. Der Dampfgenerator wird mit Wasser aufgefüllt und über ein Kabel mit dem Stromnetz verbunden. Der entstehende Dampf schmilzt die Waben, das Wachs läuft aus dem Flugloch in eine Auffangschale. Im Trester verbleiben noch Wachsreste, die ggf. durch Pressung (s. o.) gewonnen werden können.

Dampfwachsschmelzer Im Handel werden Geräte zum Einschmelzen kompletter Rähmchen in unterschiedlichen Größen angeboten. Meist werden sie an die Wasserleitung angeschlossen. Zum Beheizen wird (Camping-)Gas oder Strom benötigt. Je nach Ausführung ist evtl. auch das Pressen mit einer Spindelpresse möglich. Die Anschaffung lohnt auch zu mehreren Imkern, da die „Schmelztermine" individuell gelegt werden können. Edelstahl garantiert ein gelbes Wachs!

▸ Arbeitszeitpunkt

Die meisten Waben werden in der Herbst- und Winterzeit, also ohne „schnüffelnde" Bienen eingeschmolzen (oder in dichten Plastiktüten im Imkerbedarfsladen eingetauscht). Die Drohnenwaben können bis dahin, außer im Tiefkühlfach (raumgreifend), nicht gelagert werden. Sie sollten nach einigen Tagen Tieffrieren eingeschmolzen werden. Hierfür eignen sich besonders die ersten der oben genannten Verfahren.

▸ Gießen eines Wachsblocks

Das Wachs aus den Schmelzern wird meist im Eimer aufgefangen und wird uneben fest. Es lässt sich erneut erhitzen, ggf. filtrieren und in eine Form gießen, z. B. in Eimer, eine große

Altwaben. Ausschneiden (li.) oder auskochen (re.)

Sieben des Wachses (li.), Mittelwandgussform (re.).

Dampfgenerator zum Schmelzen der Altwaben in den Zargen. Das Wachs tropft aus dem Flugloch.

Großer Dampfwachsschmelzer.

Wachsblock. Die Schmutzschichten lassen sich mit dem Stockmeißel abschaben.

Wabenschrank mit hellen Waben.

Kuchenbackform oder (fast) jeden anderen, dichten Behälter. Nach dem Abkühlen, am besten am nächsten Tag, wird der Wachsblock aus der Form gestürzt. Achtung: Es ist noch Wasser im Behälter. Feine Schmutzschichten auf der Blockunterseite lassen sich mit dem Stockmeißel abkratzen.

▸ Gekaufte Mittelwände – oder eigene Herstellung?

Vor Auftreten der Varroa-Milbe hatten nur „eingefleischte" Imker in Deutschland und den Nachbarländern selber Mittelwände gegossen.

Seitdem bekannt ist, dass das Wachs wie ein Speicher für Rückstände von Varroa-Behandlungsmitteln arbeitet, möchten immer mehr Imker entweder „rückstandsfreie" Mittelwände im Handel erstehen oder eigene Mittelwände gießen. Hierfür sollte möglichst das Wachs aus den Drohnenbaurahmen und das Entdeckelungswachs verwendet werden. Die Gussformen mit Anleitung gibt es im Handel bzw. sollte vor der Anschaffung in der Praxis erprobt werden. Außerdem bieten immer mehr Hersteller von Mittelwänden die Mög-

lichkeit, das abgegebene Wachs (in Wachsblöcken) in eigene Mittelwände zu verarbeiten. Hierbei wird jedoch eine Mindestmenge an Wachs gefordert, da die Herstellung von Kleinstmengen technisch für den Händler kaum lohnt.

Bevor Sie sich um einen eigenen Wachskreislauf bemühen, sollten Sie klären, welche „Vorgeschichte" Ihre Waben haben. Falls der Verkäufer ausschließlich mit organischen Säuren die Varroa-Milbe bekämpft hat, sind Rückstände im Wachs kaum zu erwarten. Ansonsten hilft nur eine mehrjährige Verdünnung dieser Rückstände durch Bauerneuerung sowie die Reinigung von Zargen und Rähmchen in Ätznatronlauge (siehe S. 100).

Bei dem Naturwabenbau sollten unbedingt Drohnenwaben (ggf. per Drohnen-Mittelwand) vorgegeben werden, damit der Drohnenbau nicht auf viele Brutwaben verteilt wird.

▸ Wabenlagerung

Die Verwendung bereits ausgebauter Waben oder eingelagerter Futterwa-

Fraßgänge der Wachsmotte, Raupe im Ausschnitt (li.). Große- und kleine Wachsmotte (re.).

ben erspart den Bienen den Wabenneubau und fördert so den Honigertrag. Werden die Waben nicht fachgerecht gelagert, können sie erheblich Schaden nehmen:

▸ Die Raupen der Wachsmotte fressen sich durch die Waben, um Pollen- und Kokonreste aufzunehmen. Die Waben werden letztendlich völlig zerstört! Die Wachsmotte ist der Hauptfeind der Waben.

▸ Räubernde Bienen oder andere Insekten (auch Ameisen) zerstören bei der Nahrungsaufnahme auch die Waben – deshalb insektendicht lagern. Futterreste könnten theoretisch auch Faulbrutsporen enthalten!

▸ Mäuse und andere Schadtiere mögen Waben zur Ernährung oder als Wohnung. Waben mit Mäuseurin stinken unappetitlich!

TIPPS ZUR WABENLAGERUNG

▸ Mittelwände werden von der Wachsmotte nicht zerstört (kein Futter für die Motte).

▸ Honigfeuchte Waben (nach der letzten Schleuderung) sind bei den Wachsmotten-Raupen wenig beliebt, aber auch hier treten gelegentlich Fressschäden auf.

▸ Kühl gelagerte, unbebrütete Waben sind vor Wachsmotten geschützt (Temperatur < 10 °C). Möglich ist auch das Tieffrieren von Waben für mindestens zwei Wochen.

▸ Häufigster Wabenschutz ist das Verdunsten von Essigsäure im Wabenschrank oder im Zargenturm: Die Zargen werden nur „locker" mit weniger Waben gefüllt und auf einem Brett gestapelt. In die oberste Zarge wird neben Waben auch eine Schüssel mit z. B. 100 ml Essigsäure oder ein mit Essigsäure getränkter Lappen gestellt. Die Menge muss ausprobiert, die Behandlung nach 4–6 Wochen einmal wiederholt werden. Trotz des Beutendeckels entweicht beißende Essigsäure (Keller lüften). Arbeiten Sie nur mit Handschuhen und Schutzbrille. Die Waben müssen vor der Verwendung mindestens zwei Tage gelüftet werden. Metallteile werden von der Säure angegriffen und rosten (nicht Nirosta!).

▸ Frische Walnussblätter verbreiten ihre ätherischen Öle und wirken so gegen die Wachsmotte. Die Blätter werden zwischen und auf die Waben im Wabenschrank oder im Wabenturm gelegt. Die Wirkung muss unbedingt überprüft werden.

▸ Je weniger Waben Sie einlagern, desto weniger Ärger haben Sie mit der Wachsmotte oder auf anderem Wege beschädigten Waben. Ständige Wabenerneuerung führt auch zu großen und gesunden Bienen!

**NICHT EMPFEHLENSWERTE VERFAH-
REN ZUR WABENLAGERUNG** ▶

▶ Mottenstyx oder Mottenkugeln enthalten Giftstoffe, die über das Wachs in
den Honig gelangen. Nie verwenden!

▶ Ein früher propagiertes Verfahren
ist das Abschwefeln. Im Wabenschrank
oder -turm wird in einer Blechdose ein
Schwefelstreifen zum Abflimmern gebracht (Hitzeentwicklung, Brandgefahr!). **NACHTEIL** Das entstehende
Schwefeldioxid verbindet sich mit der
(Luft-)Feuchtigkeit und wird zur
schwefligen Säure bzw. Schwefelsäure.
Diese Säuren haben einen intensiven
Geschmack und prinzipiell nichts im
Honig zu suchen. Hier müssen auch
viele erfahrene Imker umdenken!

▶ Kerzen selbstgemacht

Im Bastel- oder Imkereibedarf erhalten Sie Geräte
und Informationen über das Gießen oder Ziehen
von Kerzen. Eine gut duftende Winterbeschäfti-
gung!

▶ Rechtstelegramm

Bienenwachs aus Völkern mit
AFB ist als Seuchenwachs zu de-
klarieren und darf nicht zu Mittelwänden für Bienen weiterverarbeitet werden. Die „Entsorgung"
als Kerzenwachs ist unproblematisch, da es sich um eine un-
schädliche Beseitigung handelt
(§ 8 Abs. 1 Ziff. 9 Bienenseuchenverordnung).

▶ Wachs als Klebstoff

Flüssiges Wachs wird z. B. zur Be-
festigung von Mittelwandstreifen an
Leisten für Drohnenbaurahmen verwendet.

ARBEITSSCHRITTE

1. Geben Sie Wachsreste (weißen Na-
turbau oder Bruchreste von Mittelwänden) in eine Blechdose, die Sie im Was-
serbad erhitzen.

2. Wenn das Wachs völlig geschmol-
zen ist, können Sie es mit einem (Ess-)
Löffel wie Klebstoff verwenden. Wenn
das Wachs erkaltet ist, hält es wie eine
Schweißnaht die Gegenstände zusammen.

Die Dichtigkeit von Futtertrögen
oder Futtertaschen für flüssiges Futter
erhält man, indem man das Wachs in
die Ecke gießt und entlang der Kanten
fließen lässt.

▶ Wichtig

Wachs nie ohne Wasser direkt in
einem Topf erhitzen – erhebliche
Brandgefahr! Nicht mit Wasser
löschen, Brand ersticken!

Wanderung mit Bienen

Wanderung mit Bienen

▶ **Vorbereitung der Wanderung**

Man wandert mit Bienen zwecks Erhöhung des Honigertrages oder zur Überbrückung von längeren Trachtlücken.

Schon einige Monate vor der beabsichtigten Wanderung sollten Sie Folgendes überprüfen bzw. mit einem erfahrenen Imker durchsprechen:

▶ Liegt der Wanderplatz mindestens 5–7 km vom jetzigen Standort entfernt? Bei geringerem Abstand fliegen sonst Bienen zum ehemaligen Standplatz zurück!

▶ Bietet der ausgewählte Ort ausreichend Tracht?

▶ Der Amtstierarzt oder der Gesundheitsobmann kontrolliert Ihre Völker für die Erstellung der Gesundheitsbe-

Transportsicherung mit Spanngurt.

scheinigung. Liegt ein aktuelles Laborergebnis über die Untersuchung von Futterkranzproben vor? Liegt Ihr Bienenstand – von Ihnen unbemerkt – in einem Faulbrutsperrgebiet und unterliegt der Standsperre? Für Wanderungen über die Kreis- oder Stadtgrenze ist eine Gesundheitsbescheinigung erforderlich – fragen Sie beim Obmann für Wanderung (Imkerverein) oder Veterinäramt.

▶ Fragen Sie den für den Zielort zuständigen Wanderobmann oder Tierarzt, ob Einschränkungen für die Wanderung bestehen (Faulbrut-Sperrgebiet, Belegstellenschutz, Zuweisung von Wanderplätzen, siehe S. 91).

▶ Ist der Grundstücksbesitzer am Wanderort mit der Aufstellung von Bienen einverstanden? (Erlaubnis)

▶ Wie werden Sie die Bienen und den schleuderreifen Honig transportieren? Bestehen die Anfahrtsmöglichkeiten auch in oder nach einigen Regenschauern?

▶ Ist der Wanderstand in Ihrer Bienenversicherung inbegriffen? Müssen Sie noch zusätzliche Daten dem Versicherer melden?

▶ Lohnt sich der (nicht unerhebliche) Aufwand bei den gegebenen Wetterverhältnissen? Was besagt die langfristige Wetterprognose?

▶ **Vorbereitung des Bienenvolkes auf die Wanderung**

Damit die Waben nicht verrutschen und Bienen zerquetschen können,

Geländegängiger
Bienentransport.

müssen alle Waben mit Abstandshaltern ausgestattet bzw. diese überhaupt vorhanden sein.

Sicherung der Bienenkästen Nicht jede Herstellerfirma versieht die Zargen mit einem Mechanismus, der sie zusammenhält. In diesem Fall sollten Sie jede Beute mit einem Riemen oder Spannungshebelgurt vor dem Auseinanderfallen sichern.

Um Überraschungen zu vermeiden, überprüfen Sie besser die Dichtigkeit der Beute, insbesondere des Beutenbodens. Ansonsten könnte ein Loch schnell als Flugloch genutzt werden.

Sicherung der Luftversorgung Bienen brauchen (besonders an heißen Tagen) eine ausreichende Versorgung mit (kühler) Luft. Bei längeren Transporten sollten Sie den Deckel durch ein Lüftungsgitter ersetzen. Verschiedene Böden sind mit einem Lüftungsgitter ausgestattet – es sollte nicht abgedeckt sein.

Während kurzfristiger Transporte reicht die Luftversorgung durch das

weit geöffnete (aber mit einer Gaze abgedeckte) Flugloch aus. Den Luftraum können Sie hierbei auch durch das Aufsetzen einer Leerzarge vergrößern.

Sicherung der Wasserversorgung Bienen und Bienenbrut benötigen neben Luft selbstverständlich auch Was-

Umweltfreundlicher Transport von zwei Völkern mit Muskelkraft.

Reihenaufstellung von Völkern am Rapsfeld.

ser. Sprühen Sie daher regelmäßig Wasser (rechtzeitig, aber auch nicht übertrieben) mit einem Zerstäuber durch das Lüftungsgitter.

Aufgeregte Bienen können besonders bei Luft- und Wassermangel „verbrausen": Übermäßiger Flügelschlag führt zu einer Überhitzung der Bienen und des Wachses. Ab 40 °C sacken die neuen, honiggefüllten Waben dann zusammen und die Bienen sterben!

Tragegeräte Bienenkästen – und besonders Zargen mit Honigwaben – haben ein hohes Gewicht. Um Ihren Körper zu schonen und Kräfte zu sparen, empfiehlt sich bei einer großen Völkerzahl die Verwendung von Tragegeräten. Im Imkerzubehörhandel und Heimwerkerhandel erhalten Sie die unterschiedlichsten Konstruktionen.

Transportfahrzeuge Je nach Anzahl der Bienenvölker können Sie einen PKW, Kleinbus oder Anhänger verwenden. Falls Sie nicht abschätzen können, wie viel die Kästen wiegen (maximale Zuladung des Fahrzeuges beachten!),

sollten Sie das Transportgut vorher abwiegen.

Ausgelegte Plane oder Zeitungspapier schützt das Fahrzeug vor Wachsteilchen, auslaufendem Honig oder „Kühlwasser".

VERSICHERUNG ▶ Sie können die Bienen auch in der Zeit ihrer Wanderung gegen Frevel, Brand etc. zusätzlich versichern. Nähere Angaben macht Ihnen die Versicherung.

▶ Wichtig

Je weiter ein Wanderstand weg liegt, desto seltener sehen die Bienen ihren Imker. Das bedeutet, dass Sie zu den Kontrollen ausreichend Material z. B. Zargen, Waben usw. dabei haben sollten. Bei der Ernte sollten Sie genügend Futter für eine Schlechtwetterperiode in den Völkern belassen!

Rechtstelegramm

- Für die Wanderung ist eine Gesundheitsbescheinigung des Veterinäramtes erforderlich (§ 5a Bienenseuchenverordnung).

- Das Gesundheitszeugnis darf nicht vor dem 1. September des vorhergehenden Kalenderjahres ausgestellt und nicht älter als 9 Monate sein (§ 5 Abs. 1 Bienenseuchenverordnung).

- Belegstellen und der sie umgebende Schutzbereich dürfen nicht angewandert werden (Länderrecht).

- In Faulbrutsperrgebiete darf nicht eingewandert werden. Innerhalb des Sperrgebietes muss vor Verstellen von Völkern die Genehmigung des Veterinäramtes eingeholt werden (§ 11 Bienenseuchenverordnung).

- Der Wanderstand ist mit einem Schild mit dem Namen und der Anschrift des Imkers sowie der Zahl der Bienenvölker zu versehen.

- Der über das Grundstück Verfügungsberechtigte muss der Aufstellung der Völker zustimmen (§ 581 BGB).

- Bienenvolk im Rechtssinne sind die in einer Bienenwohnung lebenden Bienen mit ihrer Brut und ihren Waben. Auf die Größe kommt es nicht an. Auch „nur" eine Königin mit Begleitbienen unterliegt den Rechtsvorschriften beim Verbringen bzw. Wandern.

Phazelia-Feld (Sommer- bzw. Spätsommertracht)

Gegen Diebstahl schützt auch eine „versteckte" Lage des Wanderstandes!

TAGESZEIT FÜR DIE WANDERUNG ▶
Wanderimker sind entweder Frühaufsteher oder verschließen bereits abends die Beuten mit den Lüftungsgittern. Wenn möglich sollte der Transport während der kühlen Tageszeit durchgeführt werden.

AUFSTELLUNG AM WANDERPLATZ ▶
Es gelten hier die gleichen Kriterien wie auf der Seite 23 beschrieben. Für einige Wochen können die Bienenkästen ohne Probleme nur auf einer Holzkonstruktion stehen (Arbeitshöhe!). Sorgen Sie möglichst für eine Regenabdeckung (bei Kunststoffbeuten nicht notwendig).

Kennzeichnen Sie unbedingt den Stand mit einem witterungsfesten Schild mit Ihrer Adresse und Telefonnummer. Mit einem Glas Honig können Sie den Grundstückseigentümer oder -pächter überzeugen, ab und zu nach Ihren Bienen zu sehen und Sie bei Notfällen anzurufen.

Bienengesundheit

Bienenkrankheiten erkennen und bekämpfen

Der Verlust einer einzelnen oder hunderter Bienen ist im Bienenvolk eine „normale" Angelegenheit.

Problematisch ist, wenn durch Krankheitserreger oder Vergiftungen die minimale Versorgung der Brut und damit die Entwicklung der folgenden Bienengeneration nicht mehr gewährleistet ist. Die körpereigene Abwehr als auch der „Import" von Abwehrstoffen wirkt gesundheitsfördernd.

> ### Wichtig
>
> Propolis, Bakterien auf verschiedenen Pollenkörnern sowie Inhaltsstoffe des Honigs wirken hemmend auf Krankheitserreger und fördern die Bienengesundheit.

FAKTORENKRANKHEITEN ▶ Viele Krankheiten der Bienen werden als Faktorenkrankheiten bezeichnet, da ungünstige Faktoren den Krankheitsverlauf fördern. Bleiben diese Faktoren aus, gesundet das Volk von alleine. Dies trifft u. a. für Durchfallerkrankungen der erwachsenen Biene (Nosema- und Amöbenruhr) sowie Befall durch den Kalkbrutpilz der Bienenbrut zu. Die Erreger dieser Krankheiten sind fast immer in jedem Bienenvolk verbreitet. Faktoren für den Krankheitsausbruch

können sein: Ungünstige Witterung, Trachtmangel (Futter- bzw. Eiweißmangel), Störungen von außen, genetische Anfälligkeit, ungünstige Maßnahmen des Imkers (z.B. Brutnest stark auseinander gerissen, Überdosierung von Medikamenten) und Stimmung im Volk (z. B. alte Königin, Weisellosigkeit).

> ### ▶ Wer stellt die richtige Diagnose bei Bienenkrankheiten?

Es ist völlig unrealistisch, dass jeder Imker zu einem Experten für Bienenkrankheiten wird. Bei Problemen oder „Ungereimtheiten" sollte daher unbedingt ein Experte herangezogen werden, und zwar an den Bienenkästen und nicht zur Telefondiagnose. Die meisten Imkervereine haben Gesundheitsobleute (Bienenseuchensachverständige), ansonsten sind die Bieneninstitute oder auch der Amtstierarzt des zuständigen Veterinäramtes die Ansprechpartner. In vielen Fällen wird ein erfahrener Imker zu Rate gezogen, was für häufiger auftretende Erkrankungen wie die Kalkbrut oder die Varroa-Milbe unproblematisch ist. Bei seltener auftretenden Krankheiten (Sackbrut, Amerikanische und Europäische Faulbrut) kommen auch erfahrene Imker z. T. zu Fehldiagnosen.

> ### ▶ Krankheitsbekämpfung in Bienenvölkern?

Sie erahnen vermutlich, dass es keine Behandlung von einzelnen Bienen gibt.

▶ Hinweise auf mögliche Erkrankungen

Anzeichen	Diagnose
Viele tote oder verkrüppelte Bienen vor dem Flugloch oder in der Beute.	Vergiftung, extremer Varroa-Befall, Räuberei, Troacheenmilbenerkrankung und Nosema-Befall.
Kotspuren an den Außenwänden der Beute, auf den Waben.	Durchfall: Nosema- und Malpighamöbe, Störungen, unverdauliches/ungeeignetes Futter.
Weiße bis dunkle Mumien liegen auf dem Beutenboden, stecken in den Brutzellen.	Pilzerkrankung: Kalkbrut.
Die offene Brut ist verfärbt, liegt evtl. verdreht in der Zelle.	Unterkühlung, bakterielle Erkrankung: Europäische Faulbrut.
Die Zelldeckel der Brut sind löchrig, eingefallen oder verfärbt oder werden von den Arbeiterinnen aufgenagt. Das Brutnest ist lückig.	Sackbrut-Virusbefall, starker Varroa-Befall evtl. mit gleichzeitig auftretenden Viren, bakterielle Erkrankung: Amerikanische Faulbrut (s. u.) und Pilzerkrankung (Kalkbrut).
Die Bienenmasse ist unterdurchschnittlich klein, das Volk zeigt keine Dynamik.	Stagnation oder Abnahme der Aktivitäten: Alle Krankheiten.
Diagnose des Gemülls siehe S. 104.	Varroa-Milbe

Über die Untersuchung von Futterkranzproben lässt sich im Labor die potenzielle Gefährdung durch die Amerikanische Faulbrut feststellen.

Die möglichen Maßnahmen sind:

Selbstheilung Bei Faktorenkrankheiten kann sich die Situation ändern und das Bienenvolk gesunden. Zum Beispiel beim Einsetzen von Massentracht und optimalen Flugbedingungen (Nosematose, Kalk- und Sackbrut).

Bauerneuerung Alter Wabenbau kann Krankheitserreger enthalten und wird daher eingeschmolzen. Mittelwände werden ausgebaut (Nosematose, Kalkbrut, geringe Mengen an Erregern der Amerikanischen Faulbrut).

Fütterung oder Massentracht Die Aktivität der Bienen, insbesondere der Putztrieb wird durch kleine Mengen Flüssigfutter oder auch durch eine Massentracht angeregt. Gleichzeitig sterben alte und kranke Bienen beim Sammelflug. Die gesteigerte Brutaktivität sorgt für den Nachschub an jungen Bienen. Das Volk kann gesunden (Nosematose, Kalk- und Sackbrut). Füttern Sie niemals fremden Honig oder Pollen, er enthält meist Erreger der Amerikanischen Faulbrut!

Kunstschwarmsanierung mit Hungerphase Bei der AFB (Amerikanische Faulbrut) kann zur Sanierung das Bienenvolk nach einer Hungerphase auf Mittelwände gesetzt und so zum Aufbau eines gesunden Brutnestes bewegt werden. Dies ist nur etwas für Fachleute (siehe S. 100 ff.).

Abtöten Schlimmstenfalls finden Sie

Medikamente

Die Bienen kommen seit Jahrmillionen ohne Medikamente aus. In der Imkerei sind sie nur zur Bekämpfung der eingeschleppten Varroa-Milbe notwendig. Neben komplexen, chemischen Verbindungen vom Pharmahersteller werden auch biotechnische Verfahren und „einfache Chemie" wie Ameisen- und Milchsäure eingesetzt. Prinzipiell dürfen nur zugelassene Medikamente verwendet werden.

nur noch ein Häuflein Elend im Bienenkasten. Der Fachmann wird Ihnen beim Abtöten (Abschwefeln, siehe AFB) zur Seite stehen. Sollte die AFB aufgetreten sein, muss die Abtötungs-

anordnung des Veterinäramtes abgewartet werden.

▶ Unterscheidung von Brutkrankheiten

KALKBRUT (PILZERKRANKUNG) ▶
▸ Streckmade ist vom Pilz völlig durchsetzt.
▸ Oberfläche weiß, grau bis grünlich gefärbt (Pilzsporen).
▸ Kalkbrutmumie liegt locker in der Zelle.

VARROATOSE (MILBENERKRANKUNG)
▸ (helle Milben: junge Stadien, dunkle Milben: adulte Tiere)
▸ Die Milben vermehren sich in der verdeckelten Brut.
▸ Bei mehreren Muttermilben je Larve oder beim Auftreten von Viren öffnen Bienen die verdeckelte Brut und fressen diese aus.

Kalkbrutmumien.

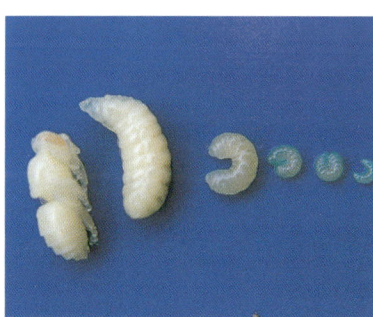

Gesunde Brut. Rund- und Streckmaden, Puppe.

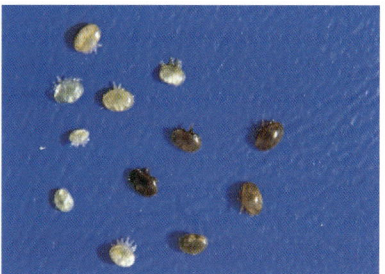

Varroa-Milben auf Drohnenbrut, die aus Brutzellen entnommen wurde.

Varroa-Milben aus der Brutzelle entnommen: Junge Milben (weiß), Muttermilbe (dunkelbraun).

Sackbrut. Sackförmige Larve in der Zelle.

Europäische Faulbrut. Verfärbte, verdrehte offene Brut.

Amerikanische Faulbrut. Fadenziehende Masse.

Unterkühlung der Brut. Verfärbung der Brut.

▶ Stark geschädigte Bienen sind verkrüppelt (Flügel) und sehr klein (Hinweise auch auf varroa-bedingte Viruskrankheiten.)

SACKBRUT (VIRUSERKRANKUNG) ▶

▶ Streckmade ist sackförmig mit Flüssigkeit gefüllt, Kopf ist „eingeknickt".

▶ Verfärbung anfangs hellbraun, später bis schwarz.

▶ Mumie dunkelbraun bis schwarz, beide Körperenden liegen umgebogen. Mumie liegt locker in der Zelle.

EUROPÄISCHE FAULBRUT ▶ (bakterielle Erkrankung, „Gutartige Faulbrut")

▶ Offene Brutstadien (Rundmaden) anfangs nur fleckig verfärbt, später dunkel.

▶ Rundmaden liegen leicht verdreht in der Zelle.

▶ Säuerlicher Geruch.

AMERIKANISCHE FAULBRUT ▶ (bakterielle Erkrankung, AFB)

▶ Verfärbter, eingesunkener Zelldeckel.
Fadenziehende Masse: anfangs weiß, später hell- bis dunkelbraun gefärbt.

▶ Larve meist völlig zersetzt oder nur die Zunge noch sichtbar.

▶ Verdacht muss dem Veterinäramt unmittelbar angezeigt werden!

▶ Schorf liegt fest in der Zellrinne.

UNTERKÜHLUNG DER BRUT ▶ Es sind alle Brutstadien betroffen.

▶ Rund- und Streckmaden verfärben sich stellenweise grau bis schwarz.

▶ Geruchsbildung durch die Zersetzung durch anwesende Bakterien.

▶ In zu kleinen/zu stark erweiterten Völkern bei Kälteeinbruch.

AKUTES PARALYSE VIRUS (APV) ▶

- Streckmade liegt verdreht in der Zelle.
- Zelldeckel löchrig/von Bienen entfernt.
- Gelb- bis bräunlich verfärbte Made.
- Starker Varroabefall des Volkes.

Akutes Paralyse Virus (APV). Verdrehte Streckmaden.

▶ Unterscheidung von Krankheiten der erwachsenen Biene

DURCHFALLERKRANKUNGEN ▶

(einzellige Parasiten, Störungen)

- Kotspuren auf den Waben, in und auf der Beute deuten auf Nosematose, Amöbenruhr, Störungen oder unverdauliches Futter hin.
- Typische Übergangs- bzw. Frühjahrserkrankung, häufig durch Pollenmangel im Vorjahr verursacht.

Durchfallerkrankung. Kotspuren an der Beute.

VARROA-MILBE ▶

- Wenn Milben auf den Bienen sichtbar sind, ist die Milbenpopulation viel zu groß.
- Verkrüppelte Bienen (Flügel oder gestauchter Hinterleib) bei hohem Milbenbefall und zusätzlichen Viren.

Varroa-Milbe und Viren. Geschädigte Biene mit verkürztem Hinterleib und verstümmelten Flügeln.

RÄUBEREI UND SCHWARZSUCHT ▶

- Bienen verlieren ihre Haare und sehen völlig schwarz aus.
- Räuberei: Fremde Bienen befliegen ein Volk um Honig zu rauben.
- Schwarzsucht kann u. a. durch Pollenmangel in der Waldtracht ausgelöst werden.

Räuberei und Schwarzsucht. Gesunde Biene (li.), erkrankte Biene (re.).

TRACHEENMILBEN-ERKRANKUNG ▶

- Hopsende und flugunfähige Bienen im Frühjahr vor dem Flugloch.
- Mikroskopische Untersuchung von Bienen (Wintertotenfall) im Bieneninstitut.
- Krankheit tritt nur in ganz bestimmten Regionen auf (Süddeutschland).

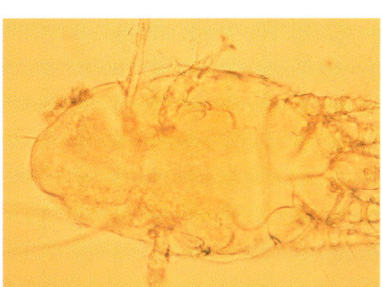

Tracheenmilbe. Die Milbe lebt in den Atemröhren.

Vergiftung und Frevel. Totenfall vorm Flugloch und im Bienenkasten.

▶ Tausende von Bienen liegen tot vor dem Flugbrett, in der Beute.

▶ Vereinsvorsitzender und Polizei überwachen Probennahme und Schadensmeldung.

▶ Maßnahmen zur Verhütung von Bienenkrankheiten

1. Starke Bienenvölker sind widerstandsfähiger als kleine und schwache Völker. Deshalb sollten Sie Schwächlinge rechtzeitig verstärken oder auflösen.

2. Achten Sie beim Bienen- und Königinnenkauf auf ein amtliches Gesundheitszeugnis.

3. Lassen Sie die Bienen (besonders im Frühjahr) möglichst viele Mittelwände ausbauen, damit Sie alte Waben einschmelzen bzw. eintauschen können: eine Zarge pro Jahr! Alte (dunkelbraune bis schwarze) Waben werden bevorzugt von Wachsmotten befallen, deren Maden sich wie „Maulwürfe" durch die Zellen fressen.

4. Verunreinigte, vollgekotete oder verschimmelte Bienenbeuten sollten Sie gründlich mit heißem Wasser reinigen.

5. Waben im Wabenschrank oder in (bienenfreien) Zargen sollten Sie vor der Wachsmotte schützen. Aber keine „alten Schinken" sammeln, ansonsten könnte man die Wachsmotte als „Freund" der Biene bezeichnen.

6. Verhindern Sie Räuberei, bei der meist Bienenvölker geschwächt und möglicherweise mit Krankheitserregern infiziert werden. Wabenmaterial, Honig und Futter sollten stets „bienendicht" und trocken gelagert werden.

7. Verfüttern Sie nie fremden Honig (kann Erreger der Amerikanischen Faulbrut enthalten) oder Zucker mit Zusätzen, die den Bienendarm belasten.

8. Befolgen Sie ein über die gesamte

Saison reichendes Konzept der Varroa-Bekämpfung (siehe S. 104).

9. Einmal im Jahr können Sie über eine Untersuchung von Futter aus Brutwaben eine potenzielle Gefährdung durch die Amerikanische Faulbrut abschätzen lassen (Futterkranzprobe siehe S. 102). Die Kontrolle der Brutwaben durch einen Sachverständigen kann nur den akuten Krankheitsausbruch bestätigen bzw. ausschließen.

10. Bei akutem Trachtmangel sollten Futterwaben zugehängt oder gefüttert werden. Ggf. sind ungünstige Gegenden zu verlassen und zeitweilig andere Trachten anzuwandern. Besonders Jungvölker gehören in eine gute Pollentracht. Für langlebige Winterbienen benötigen alle Völker im Sommer eine gute Pollenversorgung.

▶ Reinigung und Desinfektion

Nicht mehr benötigte, klebrige oder gar beschmutzte Gegenstände (z. B. Bienenkot, Schimmel) sollten gereinigt werden. Mit warmem Wasser, (Geschirr-)Spülmittel und Bürste lassen sich nur wenige Ausrüstungsgegenstände effektiv reinigen, da Wachs und Propolis hiermit kaum entfernbar sind. Mit Ätznatronlauge (kalt, warm oder kochend) werden beiden Stoffe aufgelöst bzw. verseift und gleichzeitig nahezu alle Krankheitserreger abgetötet.

Viele Imkervereine haben sich im Zuge der Faulbrutbekämpfung eine entsprechende Ausrüstung angeschafft, die sie an die Mitglieder verleihen oder auch Reinigungstage im Herbst/Winter anbieten. Für das Arbeiten mit Ätznatron gilt: Schutzkleidung (Brille, Handschuhe, Stiefel) tragen, die Geräte hinterher gut abspülen (Wasserschlauch und Bürste oder Hochdruckreiniger).

▶ Wo erfährt man mehr über Bienenkrankheiten?

Es ist klar, dass man mit dem Thema Bienenkrankheiten Bücher füllen kann. Auch gibt es zu dem Thema Videofilme. Letztendlich sind dies sinnvolle Ergänzungen zu Schulungen und Vorträgen zu diesem Thema. Aktuelle Beiträge und Hinweise auf Schulungen finden Sie in den Imkerzeitschriften sowie den Instituten und Verbänden. Wer Bienen hält, muss sich fit halten und darf nicht blind (angeblich) bewährten Verfahren zur Krankheitserkennung und -bekämpfung vertrauen. Auch die Informationen in diesem Buch unterliegen der „Alterung" durch neue Erkenntnisse oder gar Gesetzesänderungen, die nach der Drucklegung auftreten können.

Die Lauge kann hinterher im Abwasserkanal entsorgt werden – fragen Sie vorher beim Entsorgungsbetrieb oder „Abfalltelefon".

Ätznatron erhalten Sie z. B. in Drogeriemärkten und Chemikalienhandlungen in pulverisierter Form. Aus Sicherheitsgründen gießt man das Pulver in das kalte Wasser (Spritzgefahr). Für eine 1 % Lösung gibt man 1 kg Ätznatron in 100 l Wasser, für 2 % 2 kg und 3 % 3 kg. Für kleinere Behälter entsprechend umrechnen.

Es ist anzustreben, dass jährlich $1/3$ der Ausrüstung (Zargen, Rähmchen) mit Ätznatron gereinigt werden. Dies ist effektiv und geht sehr schnell.

Reinigung in heißer Ätznatronlauge. Abwaschen mit Wasser (Hochdruckreiniger). Verwendung von Bürste und Wanne. (v.li.n.re.)

ARBEITSSCHRITTE

1. Die Gegenstände werden mit dem Stockmeißel grob vorgereinigt, indem Wachs und Propolis abgekratzt werden.
2. Komplette Zargen (Holz oder Kunststoff) sowie Rähmchen werden in heiße bis kochende Ätznatronlauge getaucht.
3. In kochender Lauge steigt besonders bei kaum vorgereinigten Rähmchen viel Schaum auf (verseiftes

Wachs), das mit einem Haushaltssieb entfernt wird.
4. Mit einem Hochdruckreiniger (alternativ: Wasserschlauch und Bürste) wird die Lauge von den Gegenständen entfernt.

ALTERNATIVEN

In dem Beispiel wurde ein Milchkübel (Edelstahl) für komplette Zargen verwendet. Der Behälter kann selbstverständlich kleiner sein, jedoch sollten dann nacheinander die Innenseiten der Zargen abgebürstet werden. „Notfalls" muss eine Wanne herhalten.

Holz- und Metallteile können auch durch Abflammen desinfiziert werden.

Desinfektion durch Abflammen.

Die Amerikanische Faulbrut (AFB)

Die AFB ist eine anzeigepflichtige Tierseuche – sie kann nur ausbrechen, wenn der Erreger in das Bienenvolk gebracht wird:

Ausrüstung	Reinigungsverfahren	Desinfektionsverfahren
▸ Bienenbesen, Feder oder Gänseflügel	Wasser und Seife	
▸ Strohkörbe	mechanisch: abkratzen	
▸ Beuten mit Wärmedämmmaterial, das „offen zugänglich" ist	mit Stockmeißel	nicht desinfizierbare Gegenstände
▸ stark rissige oder löchrige Beuten oder Rähmchen	lohnt nicht (vernichten)	
▸ Kunststoffwaben (verformen sich in der kochenden Ätznatronlauge)	kalte Ätznatronlauge, evtl. Hochdruckreiniger mit heißem Wasser	
▸ Holzbeuten	alternativ: kalte, warme oder kochende Ätznatronlauge oder Holz abflammen	durch Abflammen desinfizierbare Gegenstände
▸ Metallteile (Stockmeißel, Metallgitter)		
▸ Holz- und Kunststoffbeuten		durch kochende Ätznatronlauge (3 %ig) desinfizierbare Gegenstände (Kunststoff vorher testen!)
▸ Holzrähmchen, Schiete		
▸ Metallteile (nicht aus Aluminium oder Emaille), z. B. Absperrgitter, Auflagestangen		
▸ Kunststoff- und Glasscheiben	Spülmaschine* oder kalte Ätznatronlauge (* Reinigungsmittel enthält ebenfalls Ätznatron)	durch kalte Ätznatronlauge (mind. 10–12 Stunden) desinfizierbare Gegenstände
▸ Kunststoffteile, z. B. Auflageleisten, Futterbehälter, Futterdeckel mit Membrane. Metallteile (nicht aus Aluminium oder Emaille)		

Die Sporen des Faulbruterregers gelangen über Räuberei in gesunde Völker – oder der Imker verfüttert Auslandshonig (enthält in großen Mengen die Erreger!).

Der Eintrag weniger Sporen löst keine Faulbrut in einem gesunden Bienenvolk aus. Das Hygieneverhalten der Bienen verhindert eine Vermehrung der Sporen im Bienenvolk. Erkrankte Larven werden von Bienen entfernt. Hält der Sporeneintrag jedoch länger an oder werden einmalig viele Sporen in das Volk gebracht, dann reicht die natürliche Abwehrkraft der Bienen nicht aus: erkrankte Larven bleiben unerkannt, fadenziehende Masse und Schorfbildung.

Völker, die von Grund auf geschwächt sind, haben eine deutlich geschwächte Abwehrkraft. Wenige Sporen können hier ggf. die AFB auslösen!

Schon der bloße Verdacht auf Faulbrut muss beim Veterinäramt angezeigt werden. Ob Ihre Bienen in der Nähe eines Faulbrutstandes (Seuchenherd) stehen, kann über eine Untersuchung von Futter aus den Brutwaben ermittelt werden. Manche Imkervereine organisieren einmal jährlich die Probennahme – ansonsten können Sie die Probe selbst ziehen und zum Labor Ihres Bundeslandes/Ihrer Region schicken (ggf. Gesundheitsobmann oder Bieneninstitut fragen).

Futterkranzprobe. 1–2 Esslöffel Honig werden je Volk entnommen. Sammelprobe von mehreren Völkern.

Das Untersuchungsergebnis besagt, dass keine Sporen (Null), eine geringe oder hohe Sporenmenge gefunden wurde. Beim Sporennachweis „gering" sollte und bei „hoch" muss der Amtstierarzt sowie der Gesundheitsobmann eingeschaltet werden, um die Sporenquelle zu suchen und geeignete Maßnahmen zu treffen. Bei „gering" ist dies u. a. starke Bauerneuerung, bei „hoch" die Sanierung über Kunstschwärme mit Hungerphase und der Desinfektion der Ausrüstung bzw. die Abtötung der erkrankten Völker. Hier entscheidet der Amtstierarzt!

Die Varroa-Milbe

In den 70er-Jahren wurde die Varroa-Milbe (*Varroa destructor*, früher: *Varroa jacobsoni*) nach Europa eingeschleppt. Zur Zeit gibt es noch keine Honigbiene, die tolerant gegen die Varroa-Milbe ist und völlig ohne den Einsatz von imkerischen Maßnahmen überleben kann. Daher muss jeder Imker die Milben im Auge behalten und eine ganzjährige Bekämpfungsstrategie haben. Die hier im Buch beschriebene Bekämpfungsstrategie ist für Anfänger sehr geeignet – je nach Land, Bundesland bzw. Region werden von den Verbänden und Instituten modifizierte Strategien und Methoden propagiert. Nutzen Sie auch bei diesem Thema die Gelegenheit zur Schulung und zum Erfahrungsaustausch!

▸ Durchführung der Futterkranzprobe

1. Sie ziehen eine Brutwabe mit Futterkranz. Mit einem Esslöffel kratzen Sie zwei Löffel Futter (bis auf die Mittelwand) aus der Wabe.
2. Geben Sie den Honig in einen 2 l-Gefrierbeutel, den Sie in ein leeres Honigglas gestülpt haben. Mit dem Löffel entnehmen Sie aus fünf bis zu zehn weiteren Völkern die Futterproben, die Sie in denselben Beutel (Sammelprobe) geben. Die Proben von anderen Bienenständen geben Sie in separate Beutel.
3. Verknoten Sie den Beutel und versehen Sie ihn mit einem Aufkleber (Name, Stand, Volks-Nr.). Schicken Sie die Probe an das Labor (gebührenpflichtige Untersuchung).

▸ Biologie der Varroa-Milbe

Die Milbe ist oval (1,4 mm breit/ 1,2 mm lang), flach gebaut und dunkelbraun gefärbt. Sie hat acht Beine. Die Varroa-Weibchen sitzen bevorzugt unter den Panzerringen auf dem Rücken

▸ TIPP

Geeigneter Zeitpunkt der Probennahme: Im Frühjahr vor der ersten Massentracht (ca. März/April) oder im Herbst nach der Auffütterung und Räuberei (Oktober).

und dem Hinterleib der Bienen. Die Milbe verletzt mit ihren Mundwerkzeugen die Haut der Biene (Gelenkhaut) und saugt Bienenblut. Zur Vermehrung steigt die Milbe von der Biene und klettert bevorzugt in Drohnenbrutzellen, aber auch in Arbeiterinnenzellen, die kurz vor der Verdeckelung stehen.

In der verdeckelten Zelle legt die Milbe ihre Eier. Sowohl die „Mutter-Milbe" als auch ihre Nachkommen saugen Bienenblut und schädigen deshalb die Brut. Die weiblichen Jungmilben werden noch in der Brutzelle vom Milbenmännchen begattet. Die Entwicklung der jungen Milben ist ein Wettlauf mit der Zeit. Da der Drohn eine längere Entwicklungszeit besitzt, können sich in Drohnenzellen mehr Milben fertig entwickeln als in Arbeiterinnenzellen. Mit der Biene (Drohn oder Arbeiterin) verlassen auch die Milbenweibchen die Brutzelle – das Milbenmännchen stirbt noch innerhalb der Brutzelle. Statistisch gesehen entwickeln sich in einer Drohnenzelle mindestens zwei junge Milben, in der Arbeiterinnenzelle ca. 1,5 Milben. Als Faustregel gilt, dass sich alle drei Wochen die Anzahl der Milben in der Brutphase verdoppelt. Sowohl die alte Milbe als auch die jungen Milben dringen nach einigen Tagen Aufenthalt auf erwachsenen Bienen erneut in Brutzellen ein, um sich zu vermehren.

RITTER beschreibt in „Varroalose-Behandlung ohne Ende" (1988) folgende Zusammenhänge:

▶ Mehrere (Mutter-)Milben je Brutzelle treten bei hohem Gesamtbefall des Volkes auf.

▶ Je mehr Milben eine Brutzelle parasitieren, desto stärker ist die Abnahme des Eiweißgehaltes im „Bienenblut".

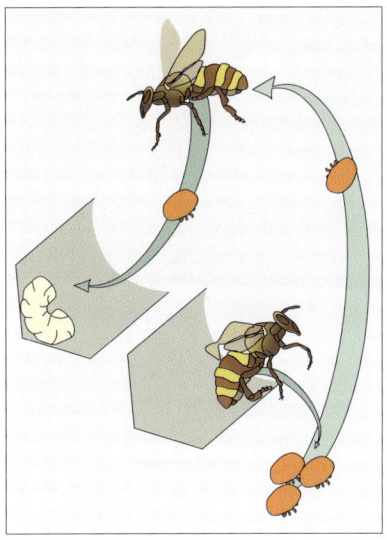

Varroa-Milbe. Vermehrung der Milbe in der Brutzelle. Mit dem Schlupf der Biene verlassen die Milben die Zelle.

▶ Die Milben verkürzen durch die Schädigung die Lebenserwartung der Bienen.

▶ Im Bienenvolk nimmt mit dem Varroa-Befall die Zahl der mit Akute Paralyse Virus (APV) infizierten erwachsenen Bienen zu. Da – nach derzeitigem Kenntnisstand – die Milbe das Virus übertragen kann, steigt mit zunehmendem Befall die Chance, dass über die Milben auch die Brut infiziert wird.

▶ Auch in nicht von Varroa-Milben parasitierten Larven konnte mit zunehmendem Befall der Völker häufig das APVirus nachgewiesen werden. Es wird vermutet, dass das Virus in diesem Fall von infizierten Ammenbienen mit dem Futtersaft übertragen wurde.

▶ Varroa-Bekämpfungskonzept

Heute besteht Einigkeit unter den Fachleuten, dass eine einmalige Varroa-Bekämpfung in der brutlosen Zeit im November/Dezember überhaupt nicht mehr ausreicht. Es bedarf in der ge-

> **Wichtig**

Andere Länder bedeuten andere Gesetze und Erfahrungen. Erkundigen Sie sich nach dem Behandlungskonzept Ihrer Region. Auskünfte geben die Bieneninstitute, Verbände und das Internet!

samten Bienensaison milbenreduzierender Maßnahmen, die vor der letzten Honigernte keine (Null!!) Rückstände im Honig hinterlassen:

> Drohnenbrutausschneiden von April bis Juli.
> Bildung von Brutablegern, in denen eine Behandlung stattfinden kann.
> Mindestens eine (Kurzzeit-)Behandlung nach der letzten Honigernte mit Ameisensäure.
> Eine (Langzeit-)Behandlung nach der Auffütterung mit Ameisensäure.
> Notfalls in der brutlosen Zeit eine Behandlung mit Milchsäure oder Oxalsäure (z. Zt. noch nicht erlaubt).
> Kontrolle des Milbentotenfalls innerhalb des Bienenjahrs als Barometer für die Milbenpopulation im Volk.

> **Die Gemülldiagnose**

Die Kontrolle der Milbenanzahl wird zeitweise über das ganze Jahr empfohlen, um einen Hinweis auf eine evtl.

notwendige Behandlung zu erlangen.

Wenn Milben sterben, fallen sie durch die Wabengasse auf den Beutenboden. Dieser kann so konstruiert sein, dass er gleichzeitig als Varroawindel funktioniert: Eine Gaze verhindert, dass durchfallende Milben von Bienen weggeräumt werden – alternativ wird die Windel in den Boden geschoben.

BOECKING und VON DER OHE empfehlen im „Varroa-Bekämpfungskonzept für Niedersachsen" (2001 – siehe auch Internetseite des Celler Bieneninstituts) Faustregeln, die Sie je nach Bekämpfungskonzept evtl. mit kleinen Abweichungen finden (siehe Kasten).

ZEITRÄUME FÜR DIE GEMÜLLKONTROLLE ▸

> Regelmäßige Kontrollen sind Teil der guten imkerlichen Betriebsweise.
> Jeder Behandlung sollte eine Gemülldiagnose vorausgehen, um die Behandlung gezielt auf den Befall abstimmen zu können.
> Während und nach jeder Behandlung sollte eine Gemülldiagnose erfolgen, um den Behandlungserfolg zu überprüfen.
> Wichtig ist eine Kontrolle ab März bis zum Ende der Sommertracht und eine weitere Kontrolle im Herbst (Okt. / Dez.), um die Notwendigkeit einer Winterbehandlung zu überprüfen.

Varroa-Milben, Bienenbeine und Wachsteilchen im Gemüll. Gazeboden mit herausziehbarer Unterlage. Kunststoffwindel – wird durchs Flugloch geschoben. (v.li.n.re.)

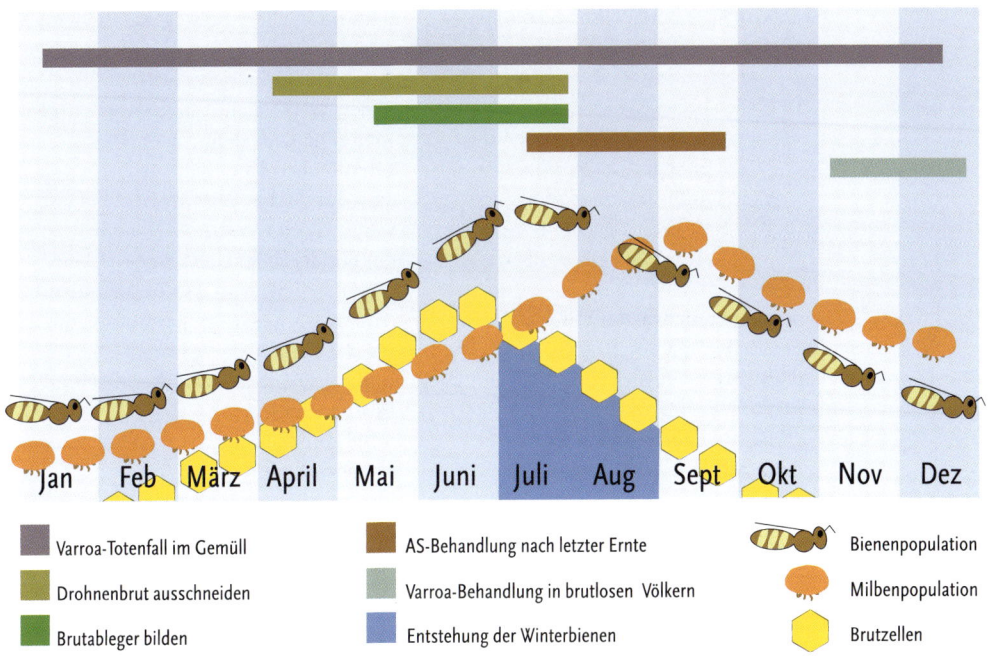

▬ Varroa-Totenfall im Gemüll	▬ AS-Behandlung nach letzter Ernte	Bienenpopulation
▬ Drohnenbrut ausschneiden	▬ Varroa-Behandlung in brutlosen Völkern	Milbenpopulation
▬ Brutableger bilden	▬ Entstehung der Winterbienen	Brutzellen

Übersicht Entwicklung der Bienen und Varroa-Milben. Zeiträume für Untersuchungs- und Bekämpfungsmaßnahmen (verändert nach BOECKING).

▶ Kontrolle bis Juli

Weniger als fünf Milben pro Tag.	Es besteht keine unmittelbare Gefahr für die Völker. Es sollte aber nach Trachtende behandelt werden.
5–10 Milben pro Tag.	Der Befall kann kritisch werden. Die Völker sollten besonders aufmerksam beobachtet werden.
Mehr als 10 Milben pro Tag.	Das Volk sollte bald behandelt werden. Eventuell muss auf eine weitere Tracht verzichtet werden.
Mehr als 30 Milben pro Tag.	Die Schadschwelle ist überschritten, das Volk ist nicht mehr zu retten.

▶ Kontrolle im Herbst (Oktober/Dezember)

Mehr als eine Milbe pro Tag.	Es sollte eine Nachbehandlung im Winter im brutfreien Zustand der Völker erfolgen.

DURCHFÜHRUNG DER GEMÜLLKON-
TROLLE ▶

▸ Die Windel muss für mindestens fünf Tage unter das Bienenvolk geschoben werden.

▸ Die Schublade muss sicher vor Ameisen und vor dem Belaufen durch Bienen sein, denn sonst kommt es zu einem erheblichen Milbenaustrag.

▸ Aus der Zahl der abgefallenen Milben wird der tägliche Milbenabfall berechnet.

▸ **Faustzahl** Täglicher Milbenbefall $\times$ 120 = Gesamtmilbenbefall

▸ Drohnenbrut – Ausschneiden zur Varroabekämpfung

Der „einfache" Imker kann auf die Drohnen verzichten. Den Bienen reichen kleine Drohnenecken – Züchter hingegen sind auf die eigenen Drohnen angewiesen. Diese Problematik ist an dieser Stelle jedoch nicht relevant.

Bei diesem Verfahren wird ausgenutzt, dass die Milbe sich bevorzugt in der Drohnenbrut vermehrt. Zur Vermeidung von vielen Drohnenecken auf Brutwaben geben Sie einen Drohnenbaurahmen in jeden Brutraum – also zwei in ein Wirtschaftsvolk.

Der Drohnenbaurahmen ist entweder ein leeres Rähmchen mit einem Wachsstreifen am Oberträger – oder Sie schneiden eine (alte) Wabe aus und belassen einen 1 cm hohen Wabenstreifen am Oberträger.

BENÖTIGTES MATERIAL: Drohnenbaurahmen, Messer.

ARBEITSSCHRITTE

1. Stellen Sie den Baurahmen in das Brutnest, zum Beispiel als vorletzte Brutwabe.

2. Wenn die Drohnenbrut überwiegend verdeckelt ist, fegen Sie die Wabe ab und schneiden die Drohnenbrut mit einem Messer aus.

3. Kontrollieren Sie den Milbenfall in

Drohnenbaurahmen. Beginn des Wabenbaus. Ausschneiden der verdeckelten Drohnenbrut. Kontrolle des Milbenbefalls. (v.li.n.re.)

der Drohnenbrut. Die dunklen Milben sind auf der Brut gut erkennbar.

4. Frieren Sie die Brut ein (Abtöten) und entsorgen Sie das Wachs: Einschmelzen, im Restmüll (Müllverbrennungsanlage), im Kompost (bienenfern, tief vergraben) oder bei den eigenen Hühnern. Die gute imkerliche Praxis verbietet es, die Drohnenbrut für Vögel und andere Bienen in der Gegend zu platzieren, wegen Räuberei und mögliche Verbreitung der AFB.

▸ Behandlungsmethoden – rückstandsarm

Prinzipiell gibt es weltweit eine größere Anzahl von Medikamenten gegen die Varroa-Milbe. Die wenigsten hiervon sind in Deutschland bzw. Europa zugelassen. Darüber hinaus hinterlassen die meisten Mittel Rückstände im Bienenwachs, auf den Rähmchen und Beutenwänden, auf den Bienen und im Honig. Weiterhin gibt es bereits Resistenzen gegen einige Wirksubstanzen (in den Medikamenten Bayvarol® und Apistan®) – zukünftig wird die Milbe auch gegen Perizin resistent werden.

Den Weg aus der Sackgasse ermöglichen die organischen Säuren (Ameisensäure, Milchsäure und Oxalsäure). Sie haben den Vorteil, dass sie bei richtiger Anwendung keine Rückstände im Wachs und Honig hinterlassen. Es handelt sich hier auf jeden Fall auch um Medikamente (vgl. Rechtstelegramm, S. 114). Ich warne jeden Imker vor Selbstversuchen und werbe für einen verantwortungsvollen Umgang mit diesen Medikamenten. Seien Sie wachsam und streben Sie eine optimale, rückstandsarme/-freie Behandlung an, indem Sie auf organische Säuren zurückgreifen.

▸ Die Anwendung von Ameisensäure zur Varroabekämpfung

Die Ameisensäure (kurz: AS) wird auf einen Trägerstoff gegeben und verdampft im Bienenvolk. Die Milben werden hierdurch geschädigt – als einziger Wirkstoff werden hierdurch auch Milben in der verdeckelten Brut erreicht. Die AS wird im Stock mit der Luft verteilt, so dass die Milben von den Bienen auf die Gemüllwindel fallen. Die abgetöteten oder geschädigten Milben in der Brut werden dagegen erst beim Schlupf der Biene und durch die Reinigung der Zelle von Stockbienen beseitigt.

Zur AS teilt das Celler Bieneninstitut (BOECKING und VON DER OHE 2001) mit:

„Die Bekämpfung der Varroamilbe mit Ameisensäure ist ein hochwirksames, chemisches Verfahren, das integriert in ein Varroabekämpfungskonzept bei Wirtschaftsvölkern unmittelbar nach der letzten Honigernte einsetzbar ist, bei Ablegern eine Entmilbung sogar während der Sommermonate erlaubt."

Allerdings darf diese Behandlung nur dann erfolgen, wenn aus den betreffenden Völkern im selben Jahr kein Honig mehr geschleudert wird. Denn bei der Anwendung organischer Säuren kann es zu geschmacklichen Rückständen im Honig kommen. „Zusätze" im Honig sind verboten!

VORSICHTSMASSNAHMEN ▸ Ameisensäure ist ätzend!

▸ Bei der Vorbereitung und während der Behandlung säurefeste Handschuhe und Schutzbrille tragen! Augenwaschflasche bereithalten.

▸ Immer Wasser bereithalten, Säurespritzer sofort mit Wasser ab- und auswaschen!

Allgemeine Anwendungshinweise

☐ Bei Kurzzeitbehandlungen sollte es trocken sein, damit hohe Luftfeuchtigkeit sich nicht mit der AS verbinden und diese „schwächen" kann.

☐ Offene Gitterböden sind zu schließen, damit die AS nicht schnell „verpufft".

☐ 2 – 3 Tage vor der Behandlung sollte die Fütterung der Völker gestoppt werden, damit keine erhöhte Luftfeuchtigkeit in der Beute besteht.

☐ Die Außentemperatur sollte zwischen 10 – 25 °C liegen. Darunter ist der Behandlungserfolg zweifelhaft, da die Bienen sehr eng (in der Traube) sitzen. Bei höheren Temperaturen besteht die Gefahr des Auszugs der Bienen oder des Verbrausens.

☐ Zusätzliche Leerzargen sind zu entfernen, damit die Säure dort nicht unnötig verdünnt wird. Das Flugloch aber geöffnet lassen.

☐ Brutlose und weisellose Völker ziehen bei der Behandlung schneller aus als „normale" Völker. Diesen Zustand deshalb beenden bzw. die Bruttätigkeit abwarten.

☐ Alle Völker eines Standes sollten gleichzeitig behandelt werden. Wenn die Imker im Umkreis von 3 km einen gemeinsamen Behandlungszeitraum finden, ist die Re-Invasion mit Milben auf ein Minimum reduziert.

▸ Behältnisse genau beschriften. Wegen möglicher Verwechselungsgefahr keine Lebensmittelbehälter (Sprudelflaschen etc.) zur Aufbewahrung der Säure verwenden!

▸ Für Kinder unerreichbar unter Verschluss aufbewahren!

▸ Gebrauchsfertige Lösung kaufen und verwenden!

▸ Zur Anwendung zugelassen ist ausschließlich 60%ige Ameisensäure (DAC-Qualität).

Brutschäden lassen sich bei der Anwendung von Ameisensäure nie vollständig ausschließen. Insbesondere die gerade schlüpfenden Jungbienen können geschädigt werden und tot vor dem Flugloch liegen.

Königinnenverluste lassen sich durch die Verwendung von gekühlter 60%iger Ameisensäure vermeiden, die anfangs langsam verdunstet.

Wichtig

Sollte unmittelbar nach Beginn der Anwendung das Bienenvolk aus dem Flugloch quellen, dann wurde ein Anwendungsfehler gemacht. Sofort die Behandlung abbrechen und das Bienenvolk belüften!

▸ Kurz- und Langzeitbehandlung mit Ameisensäure

Direkt nach der Entnahme des letzten Honigs wird eine Kurzbehandlung mit AS empfohlen. Die Spitze der Milbenzahl soll gebrochen werden – gleichzeitig dürfen die Nachteile der Anwendung wie Rückgang der Brutaktivität nicht die Produktion der Winter-

bienen stören. Dagegen können Lang-
zeitbehandlungen nach dem Ende der
Auffütterung diesen Effekt nicht bewir-
ken.

Kurzzeitbehandlungen bedeuten die
Abgabe der AS innerhalb von 1–2 Ta-
gen mit einer anfangs recht hohen AS-
Konzentration in der Stockluft (einige
Autoren sprechen auch von einer
Schockbehandlung).

Die Langzeitbehandlung erfolgt
meist mit Verdunstern, die über einen
längeren Zeitraum möglichst geringe
Mengen an AS abgeben. Einige Imker
setzen an Stelle einer Langzeitbehandlung mehrfach im Abstand von einer
Woche eine Kurzzeitbehandlung ein
oder warten auf die brutfreie Zeit im
November/Dezember, sofern die Milbenzahl nicht kritisch ist, um dann
Milch- oder Oxalsäure anzuwenden.

Im Folgenden werden Ihnen aus-
zugsweise einige Methoden zur AS-Anwendung beschrieben. Es gibt deutlich
mehr Verfahren – machen Sie sich
kundig und schauen Sie erfahrenen
Imkern bei der Behandlung über die
Schulter!

ILLERTISSER MILBENPLATTE ▶

(Kurzzeitbehandlung)

Die gebrauchsfertig erhältliche, in
Folie eingeschweißte Papp-Platte ist
mit AS getränkt. Vor der Anwendung
sollte die Platte im Kühl- oder Gefrier-
schrank gekühlt werden. Möglich ist
die Behandlung von oben auf den
Rähmchenoberträgern oder von unten
im Boden. Die Illertisser Milbenplatte
erhielt als erste die Zulassung in
Deutschland! Bei starkem Befall werden vier Behandlungen im Abstand von
4–7 Tagen empfohlen. Möglich ist auch
der Behandlungsrhythmus, der unten

Illertisser Milben-
platten. Die Ameisen-
säure verdunstet aus
den Platten.

bei der Schwammtuchmethode beschrieben wird.

ARBEITSSCHRITTE

1. Ein bis zwei Platten werden nach
Rauchgabe auf die Rähmchen gelegt.
2. Die Beute wird mit Folie und Deckel
verschlossen. Windel einlegen!

SCHWAMMTUCHMETHODE ▶

(Kurzzeitbehandlung)

Als Trägerstoff für die AS dienen
Haushaltsschwammtücher (ca. 20 × 18
× 0,5 cm), die mit gekühlter 60%iger
AS beträufelt werden. Das Schwammtuch wird möglichst nah an den Bie-
nensitz auf die obersten Rähmchen gelegt oder von unten in den Beutenboden
geschoben. Empfohlen werden 2–4 Anwendungen im Abstand von 4–7 Tagen.
Möglich sind auch Behandlungen 2-
mal vor und 2-mal nach dem Auffüttern. Die Anzahl der Anwendungen
sinkt auf 1-mal vor dem Auffüttern,
wenn nach der Auffütterung eine Langzeitbehandlung vorgenommen wird.

DOSIERUNG

▸ Anwendung von oben – 2 ml 60%ige Ameisensäure je Wabe (Normalmaß oder Zander). Bei Golzbeuten (Kuntsch-Waben) 3 ml je Wabe.

▸ Anwendung von unten – 3 ml 60%ige Ameisensäure je Wabe, LIEBIG (1988) empfiehlt bei der Behandlung von unten bei Temperaturen von 12–15 °C alternativ die Verwendung von 85%iger Ameisensäure, dann jedoch 2 ml je (Zander-) Wabe.

ARBEITSSCHRITTE

1. Abmessen der AS-Menge
2. Beträufeln des Tuchs auf einer Unterlage
3. Wachsbrücken entfernen
4. Tuch auflegen
5. Plane und Deckel auflegen
6. Windel einlegen!

MEDIZINFLASCHE ▸

(Kurz- und Langzeitbehandlung)

Die AS gelangt aus einer umgedrehten Medizinflasche mit einem Tropfauslauf auf eine Trägerfläche (Papierküchentuch oder Weichfaserplatte) und verdunstet relativ langsam und „bienenschonend". Hohe Außentemperaturen stellen lt. Erfahrungsberichten kein Problem dar. Die Verdunstungsmenge kann leicht abgelesen werden und die Behandlung lässt sich jederzeit unterbrechen. Der Verdunster wird in eine Leerzarge gestellt. Im Varroatose-Bekämpfungskonzept für Baden-Württemberg werden eine Behandlung vor und eine nach der Auffütterung empfohlen. Es gibt verschiedene Varianten zur Anwendung der Medizinflasche (aus dem Varroatose-Konzept für Baden-Württemberg entnommen):

Schwammtuch. Die Ameisensäure wird auf das Tuch gegeben. Abdecken mit Plane und Deckel.

Tellerverdunster (li.) und Nassenheider Verdunster (re.) zur Behandlung mit Ameisensäure.

(A) Tellerverdunster für Langzeitbehandlung (TV lang) Er besitzt als Docht ein 2 x gefaltetes Papier-Küchentuch, das in einen Blumentopfuntersetzer gelegt wird – diesen sollte das Tuch jedoch nicht überragen!

DOSIERUNG 2-Zargen-Völker erhalten eine Flasche mit 200 ml 85%iger AS, 1-Zargen-Völker mit 150 ml. Optimal ist über zwei Wochen eine tägliche Verdunstungsrate von 20 g AS in 2-zargigen bzw. 8 g in 1-zargigen Völkern (ca. 7–8 mm in der Flasche). Bei Kälteeinbruch ist die Flasche ggf. erst nach drei Wochen leer.

(B) Tellervariante für Kurzzeitbehandlung Aufbau der Medizinflasche wie bei (A), Befüllung jedoch nur mit 100 ml für 2-zargige bzw. 50 ml für 1-zargige Völker. Die Flasche ist nach 3–4 Tagen geleert.

ANWENDUNGSZEITPUNKT Besonders vor der Auffütterung geeignet.

(C) Medizinflasche ohne Teller für Kurzzeitbehandlung Der Docht ist hier eine Weichfaserplatte von 10 x 15 cm Größe und liegt (ohne Teller) direkt auf den Waben. Die Medizinflasche steht direkt auf dem Docht, so dass die AS beständig auf den Docht tropfen und dort sich langsam ausbreiten kann. Nach einem Tag ist die Flasche leer.

VORAUSSETZUNG FÜR BEHANDLUNGSERFOLG Temperatur oberhalb von 12 °C.

ANWENDUNGSZEITPUNKT Vor der Auffütterung.

NASSENHEIDER VERDUNSTER ▶
(Kurz- und Langzeitbehandlung) Dieser Verdunster erlaubt durch seine Konstruktion (Vogeltränke-Prinzip) eine gleichmäßige Verdunstung über einen Papp-Docht, der je nach gewünschter Verdunstungsmenge eine unterschiedliche Höhe hat. Empfohlen werden je zwei Behandlungen vor und nach der Auffütterung; auch hier sind unterschiedliche Rhythmen möglich. In der zugelassenen Version wird der Verdunster in einem Leerrähmchen befestigt. Je Zarge erhält das Volk einen Verdunster – bei 2-zargigen Völkern diagonal versetzt. Jeder Verdunster wird mit 80 ml 60%iger AS befüllt und

---

TIPP
Die Verdunster gibt es komplett im Imkerbedarfshandel, so dass ein Selbstbau kaum lohnt.

Milchsäureanwendung. Besprühen der Bienen (Ablegern) auch in der Brutzeit. Behandlung von Wirtschaftsvölkern nur in der brutlosen Zeit.

wird nahe an das Brutnest gestellt. Temperaturbereich minimal 5 °C, maximal 30 °C. Evtl. muss der Docht angepasst/ausgetauscht werden, um eine optimale Verdunstung zu gewährleisten.

Ein Nachrüstsatz erlaubt die Anwendung in einer Leerzarge über dem obersten Raum mit einem modifizierten Docht und einem Tuch.

WEITERE VERDUNSTERTYPEN ▶
(Kurzzeitbehandlung)

Es gibt eine große Vielzahl unterschiedlicher Verdunster und z. T. bauen Imker neue Varianten. Ein Tank mit einem Docht garantiert eine zügige Verdunstung der AS. Ebenso gilt dies für plattenförmiges Trägermaterial, auch wenn die Verdunstungsfläche in ihrer Größe reguliert werden kann.

Der „Universalverdunster" enthält ein Trägermaterial und auf der Oberseite Öffnungslöcher, die mit einer Drehscheibe in ihrer Größe reguliert werden können. Die Gebrauchsanleitung gibt hier detaillierte Anweisungen.

Sprühbehandlung mit Milchsäure

Zum Zeitpunkt der Manuskripterstellung läuft ein Zulassungsverfahren für die Milchsäure. Im Imkerbedarfshandel ist sie z. T. schon in der richtigen Konzentration (15 Vol. %) erhältlich. Schutzkleidung wie bei der AS-Anwendung (Handschuhe, schützende Kleidung, Schutzbrille) sowie Atemschutz.

DOSIERUNG Je bienenbesetzter Wabenseite werden maximal 8 ml fein versprüht, ohne die Bienen jedoch zu durchnässen. Ein einfacher Handsprüher wird „geeicht", indem man in eine Spritze sprüht (Kolben herausgezogen) und die Anzahl von Spritzhüben zählt. In „Varroa unter Kontrolle" (vgl. Literatur) wird die Sommerbehandlung von brutlosen Jungvölkern zweimalig im Abstand von wenigen Tagen empfohlen. Andere Autoren empfehlen die Behandlung bei jedem Kontroll- und Erweiterungsschritt der Ableger.

Die Winterbehandlung aller Völker sollte bei Temperaturen über 0 °C ein- oder zweimalig im Abstand weniger Tage vorgenommen werden. Die Völker müssen brutlos sein.

▶ Oxalsäure-Anwendung

Das neueste Mitglied der organischen Säuren ist in Deutschland bisher nicht zugelassen, während in Österreich seit 2001 die Anwendung geregelt ist. Die Behandlungserfolge lassen hoffen, dass die Oxalsäure zukünftig als Ersatz für rückstandsproblematische Medikamente (wie z. B. Perizin, Bayvarol, Apistan) zur Verfügung steht. Obwohl die Anwendung z. Zt. in Deutschland nicht erlaubt ist, bestehen bereits Erfahrungen mit Oxalsäure. In der Imkerpresse und im Internet wird eine Vielzahl von Daten und Rezepturen angeboten. Daher beschränke ich mich auf eine Grobbeschreibung der Anwendungsarten.

**TRÄUFELBEHANDLUNG MIT OXAL-
SÄURE ▶** In der brutfreien Zeit Spätherbst/Winter und in brutfreien Völkern wird die Oxalsäure-Zuckerlösung einmalig mit einer Dosierspritze auf die Bienen geträufelt (gleiches Verfahren wie bei der Perizin-Anwendung). Das Medikament ist nur wirksam, wenn die Bienen erreicht werden. Bienenfreie Bereiche im Volk nicht beträufeln. Bei der Anwendung der Lösung sind Handschuhe, eine Schutzbrille, beim Anfertigen der Lösung zusätzlich eine Feinstaubmaske zu tragen, denn die Oxalsäuredihydrat-Kristalle und die daraus angefertigte Lösung sind für Menschen giftig!

OXALSÄURE-SPRÜHVERFAHREN ▶
Die bienenbesetzten Waben werden mit einer 3%igen Oxalsäurelösung in der brutfreien Zeit und in brutlosen Völkern besprüht. Machen Sie sich kundig, welche Dosierungen üblich sind bzw. in Untersuchungen sich bewährt haben. Die feinen Oxalsäure tropfen können eingeatmet werden und stellen eine Gefahr für den Menschen dar (Atemschutzmaske und Handschuhe).

**OXALSÄURE-VERDAMPFUNGS-
VERFAHREN ▶** Zum gleichen Zeitpunkt wie bei den beiden anderen Verfahren wird Oxalsäure in Tablettenform mit Hilfe eines Heizlöffels im Bienenvolk verdampft. Es ist unklar, inwieweit z. B. in Deutschland das Verfahren wegen der Gefährdung des Anwenders überhaupt zugelassen werden kann.

Träufelmethode. Perizin® und Oxalsäure werden auf die Bienentraube geträufelt.

▶ **Perizin-Behandlung**
Viele Jahre wurde dieses Medikament erfolgreich in brutlosen Völkern und in der brutlosen Winterzeit angewendet. Nachteilig sind die Bildung von Resistenzen (resistente Milben) und problematisch die Rückstände in Wachs und Honig. Um weitere Zunahmen von Rückständen im Bienenwachs zu vermeiden, wird von vielen Stellen der Verzicht auf das Präparat oder notfalls eine einmalige Anwendung (entgegen der Gebrauchsinformation/Beipackzettel) empfohlen. Das konzentrierte Präparat wird mit Wasser verdünnt (Dosierung siehe Beipackzettel) und mit Dosiergerät (Dosierset vom Hersteller) oder einer Einwegspritze auf die Bienen in die Wabengassen geträufelt.

▶ **Bayvarol-Streifen**
Dieses Medikament ist auf Streifen aufgetragen, die in die bienenbesetzten Wabengassen gehängt werden. Der Wirkstoff, ein Pyrethroid, wird von den Bienen aufgenommen, aber auch auf die Bienenprodukte übertragen. Auf Grund des Auftretens von resistenten

Milben und der Rückstände in den Bienenprodukten sollte die Anwendung nicht erfolgen. Dies gilt auch für das ähnliche Medikament, den „Apistan"-Streifen. Die Anwendung derartiger Streifen ist verführerisch einfach – dank der Vergesslichkeit bleiben sie aber auch über viele Wochen in den Völkern. Beste Bedingungen zur Resistenzbildung. Die Anwendung sollte unbedingt unterbleiben.

Der Wirkstoff Thymol wird zukünftig in bestimmten Medikamenten die Zulassung erhalten. Hierbei darf die Anwendung wie bei allen anderen Medikamenten erst nach der letzten Honigschleuderung erfolgen. „Dauerbehandlungen" sind verboten und führen zu starken Geruchsveränderungen und Rückständen im Honig. Großflächige Erfahrungen liegen z. Zt. in Deutschland noch nicht vor.

Rechtstelegramm

- Die Amerikanische Faulbrut (AFB) ist eine anzeigepflichtige Tierseuche. Bereits der Verdacht ist dem Veterinäramt sofort anzuzeigen (§ 9 Tierseuchengesetz).

- Die Maßnahmen zur Bekämpfung der AFB sind in der Bienenseuchenverordnung geregelt. Bereits bei Verdacht unterliegen Bienenstände der Standsperre, die Bienen der Umgebung werden in ein Sperrgebiet einbezogen (§§ 7, 9, 10 Bienenseuchenverordnung).

- Der Imker ist zur Mithilfe bei der Seuchenbekämpfung verpflichtet, Zuwiderhandlungen werden als Ordnungswidrigkeit geahndet (§§ 4, 5b, 16 Bienenseuchenverordnung).

- Leerstehende Beuten sind verschlossen zu halten (§ 6 Bienenseuchenverordnung).

- Jeder Imker ist zur Bekämpfung der Milbenseuche und der Varroatose verpflichtet (§§ 14, 15 Bienenseuchenverordnung).

- Die Anwendung von Medikamenten in Bienenvölkern ist in einem Bestandsbuch festzuhalten und 5 Jahre lang aufzuheben, geforderte Daten: Volknummer, Standort, Bezeichnung des Arzneimittels, Datum der Anwendung und Menge des Arzneimittels, Wartezeit (bis zur nächsten Honigschleuderung), Unterschrift des Imkers. Es dürfen nur zugelassene Arzneimittel verwendet werden (§ 21 Arzneimittelgesetz).

- Arzneimittelrückstände müssen unterhalb der gesetzlich festgelegten Grenzwerte liegen (Rückstandhöchstmengenverordnung).

- Das Veterinäramt kann Bienengesundheitsobleute zur Seuchenbekämpfung einsetzen (§ 5 Bienenseuchenverordnung und z. B. in Niedersachsen, § 6 Niedersächsisches Beamtengesetz).

Service

▸ Quellen

Bieneninstitut Celle: Informations-
blätter (Internet)

Der schweizerische Bienenvater. Fach-
schriftenverlag
(www.vdrb.ch)

Dustmann, J. H.; W. von der Ohe und I.
Lau: Amerikanische Faulbrut – Eine
gefährliche Erkrankung des Bienenvolkes. Institut für den wissenschaftlichen Film GmbH, Postfach 2351,
D-37013 Göttingen, Videofilm
C2025, 1999

Liebig, G.: Einfach imkern. Eigenverlag
Liebig, Stuttgart 1998

Rieger, M. und O. Langner: Honig-Fi-
bel. Wegweiser für den Fachkunde-
nachweis des D.I.B., HRG Landwirtschaftskammer Westfalen Lippe und
Landesverband Westfälischer und
Lippischer Imker e. V., 2000

Ritter, W.: Bienenkrankheiten. Ulmer,
Stuttgart 1994

Seeley T. D.: Honigbienen. Im Mikro-
kosmos des Bienenstocks. Birkhäu-
ser, Basel 1997

Spürgin, A.: Die Honigbiene. Vom Bie-
nenstaat zur Imkerei. Ulmer , Stuttgart 1996

Staemmler, G: Imkerlehre. Ulmer,
Stuttgart 1990

Stangaciu, S. und E. Hartenstein: Sanft
heilen mit Bienenprodukten. K.F.
Hang, Heidelberg 2000

Von der Ohe, W.; F. Pohl und J. Wübbena: Schulungsmappe AFB, 2002.
Diaserie bzw. Foliensatz erhältlich
beim Bieneninstitut Celle, Herzo-
gin-Eleonore-Allee 5, 29221 Celle

RECHTSVORSCHRIFTEN finden Sie im
Internet oder wenden Sie sich an das
Veterinäramt.

▸ Zum Weiterlesen

ZUR BIOLOGIE DER HONIGBIENE

Droege, G.: Die Honigbiene. DLV,
München 1993

Ruttner, F.: Naturgeschichte der Honigbienen. Kosmos, Stuttgart 2003

BIENENNAHRUNG

Pritsch, Günter: Bienenweide. 200
Trachtpflanzen erkennen und be-
werten. Kosmos, Stuttgart 2007

ARBEITEN IN DER IMKEREI

Bentzien, Claudia: Ökologisch Imkern.
Kosmos, Stuttgart 2006

Bienefeld, Kaspar: Imkern Schritt für
Schritt. Kosmos, Stuttgart 2005

Bruder Adam: Meine Betriebsweise.
Kosmos, Stuttgart 2002

Diemer, Irmgard: Imkern als Hobby.
Kosmos, Stuttgart 2002

Weiß, K: Der Wochenend-Imker.
Kosmos, Stuttgart 2003

KÖNIGIN, GENETIK UND ABLEGER

Büchler, Drescher, Tiesler: Selektion
der Honigbiene, 1997. IWF (s. u.),
Film C 1966

Dustmann, Schönberger, Tiesler: Auf-
zucht von Bienenköniginnen, 1992.
Institut für den wissenschaftlichen
Film (IWF), Postfach 2351, D-37013
Göttingen, Film C 1801

Tiesler, F. K. und E. Engbert: Aufzucht,
Paarung und Verwertung von Königinnen. Ehrenwirth, München 1989

Weiß, K.: Zuchtpraxis. Ehrenwirth,
München 1997

HONIG

Horn, H. und C. Lüllmann: Das große Honigbuch. Kosmos, Stuttgart 2006

BIENENKRANKHEITEN

Pohl, F.: Bienenkrankheiten. Diagnose und Behandlung. Kosmos, Stuttgart 2005

(alle Titel des Ehrenwirth-Verlages, so wie der Titel Droege, Die Honigbiene erhalten Sie beim Kosmos-Verlag)

▸ Adressen

Deutscher Imkerbund e. V. (D.I.B.)

Villiper Hauptstr. 3

53343 Wachtberg

Tel. (02 28) 32 10 06

Fax 32 10 09

deutscherimkerbund@t-online.de

www.deutscherimkerbund.de

Die Landesverbände finden Sie ebenfalls auf der Internetseite.

Österreichischer Imkerbund

Georg-Coch-Platz 3/11a

A-1010 Wien

www.imkerbund.at

BIENENZEITSCHRIFTEN

Deutsches Bienenjournal
Bienenjournal@Bauernverlag.de

Allgemeine Deutsche Imkerzeitung
dlv-berlin@dlv.de

Imkerfreund
www.imkerfreund.de

Schweizerische Bienen-Zeitung
CH 3178 Bösingen
Tel. 031-7409768

Bienenvater
Tel. 01/5125429

LANDESANSTALTEN, LANDES-INSTITUTE

Niedersächsisches Landesinstitut für Bienenkunde, Celle
(Dr. Werner von der Ohe)
www.bieneninstitut.de

Bayerische Landesanstalt für Bienenzucht, Erlangen (Dr. Dietrich Mautz)
www.lbi.bayern.de

Länderinstitut für Bienenkunde Hohen Neuendorf e. V.
(Prof. Dr. Kaspar Bienefeld)
www.honigbiene.de

Hessisches Dienstleistungszentrum für Landwirtschaft, Gartenbau und Naturschutz, Bieneninstitut Kirchhain
(Dr. Ralph Büchler)
www.bieneninstitut-kirchhain.de

Staatl. Lehr- und Versuchsanstalt für Landwirtschaft, Wein- und Gartenbau Ahrweiler/Mayen, Fachbereich Bienenkunde – Mayen (Dr. Alfred Schulz)
www.bienenkunde.rlp.de

Landwirtschaftskammer Westfalen-Lippe, Münster (Dr. Werner Mühlen)
www.lk-wl.de/bienenkunde

Landesanstalt für Bienenkunde der
Universität Hohenheim (Dr. Peter
Rosenkranz)
www.uni-hohenheim.de/bienenkunde

INSTITUTE/ARBEITSGRUPPEN AN UNIVERSITÄTEN

Freie Universität Berlin, AG Bienenfor-
schung (Prof. Dr. Burkhard Schricker)
agbienen@zedat.fu-berlin.de

Freie Universität Berlin
(Dr. Eva Rademacher)
radem@zedat.fu-berlin.de

Universität Bonn, Bienenkunde
(Prof. Dr. D. Wittmann)
zoo.bee@uni-bonn.de

Universität Bremen, FB 2, Bienenkunde (Dr. Dorothea Brückner)
dorothea.brueckner@uni-bremen.de

Universität Halle-Wittenberg
(Prof. Dr. R. Moritz)
r.moritz@zoologie.uni-halle.de

Universität Jena
(Prof. Dr. Hans-Hinrich Kaatz)
b7kaha@uni-jena.de

Institut für Bienenkunde Oberursel
(Uni Frankfurt a. M.)
(Prof. Dr. Nikolaus Koeniger)
bienenkunde@em.uni-frankfurt.de

Universität Tübingen
(Prof. Dr. Wolf Engels)
wolf.engels@uni-tuebingen.de

UNTERSUCHUNGS- UND FORSCHUNGSSTELLEN, SCHULUNGSSTÄTTEN

Staatl. Tierärztl. Untersuchungsamt
Aulendorf, Bienengesundheitsdienst
(Dr. F. Neumann)
Löwenbreitestr. 18-20
88326 Aulendorf
Tel. (0 75 25) 9 42-2 60
Fax (0 75 25) 9 42-2 00

Schleswig-Holsteinische Imkerschule,
Bad Segeberg, info@imkerschule-
schleswigholstein.de

Bienenzuchtzentrum Bantin
(Dr. Winfried Dyrba)
imker-mv@t-online.de

Schulungsstätte Künstliche Besamung
(Prof. Dr. Peter Schley)
home.t-online.de/home/Peter.Schley

Biologische Bundesanstalt für Land-
und Forstwirtschaft, Untersuchungs-
stelle für Bienenvergiftungen
(Dr. D. Brasse)
D.Brasse@bba.de

Institut für Honiganalytik
(Dr. C. Lüllmann, Bremen)
info@qsi-q3.de

Chemisches und Veterinäruntersu-
chungsamt Freiburg (CVUA) Fachge-
biet Bienen (Dr. Wolfgang Ritter)
WOLFGANG.RITTER@CVUAFR.
BWL.de

Handels- und Umweltschutzlaborato-
rium (Dr. Wiertz, Dipl.-Chem. Eggert,
Dr. Jörissen GmbH)
info@wej.de

Obstbauversuchsanstalt Jork der Land-
wirtschaftskammer Hannover Obstbau-
Versuchs- und Beratungszentrum
(H. Hauschildt)
Hauschildt, Helmut@lawikhan.de

Privatwissenschaftliches Archiv Bienenkunde, Landau
(Prof. Dr. Hermann Stever)
stever@uni-landau.de

Landesamt für Verbraucherschutz und
Landwirtschaft, Potsdam
(DC Rolf Brmer)
poststelle@svla.brandenburg.de

SCHWEIZ
Schweizerisches Zentrum für Bienen-
forschung in der Forschungsanstalt für
Milchwirtschaft (FAM),
Liebefeld, CH-3003 Bern
www.apis.admin.ch/index_d.htm.

ÖSTERREICH
Institut für Bienenkunde
Spargelfeldstr. 191
A-1226 Wien
Tel. 0173216-5801
Bienenkunde 1
A-3293 Lunz am See
Tel. 0 74 86 80 90-0

▶ Danksagung

Dieses Buch ist unter der Mitarbeit von vielen Menschen entstanden, denen ich auf
diesem Wege herzlich danken möchte. Ein
ganz besonderer Dank gilt allen Imkerinnen
und Imkern im In- und Ausland, die ich in
den letzten Jahren mit meinem Fotoapparat
„belästigen" durfte. Besonders häufig oder
intensiv „traf" es die Bremer „Jungimkerin-
nen" Gesche Trötschel und Sabine Beitbach,
„Altimkerin" Gabi Fotler (Melle), den Gesundheitsobmann Horst Wolfrum (Bremen), die Bremer Imker Wilhelm Wilms
und Hans Eisenhauer, den Linzer Imker
Gerhard Schmitzberger, die Familien Koll-
mann und Straube (beide Bremen).

Der Leser wird mir Recht geben, dass
Karsten Elze (Bremen) die Grafiken hervorragend gestaltet hat – Ehefrau Sezin und
Tochter Yeliz mussten ihn hierfür jedoch
viele Stunden entbehren!

Herrn Johann Wübbena (Oldenburg)
danke ich für die Erstellung der Rechts-
telegramme und für seine hilfreichen Anmerkungen.

Kolleginnen und Kollegen aus folgenden
Bieneninstituten haben mir tatkräftig mit
Anmerkungen und Fotomaterial weiterge-
holfen:

Aus Celle hat mich Herr Dr. Werner von
der Ohe mit Sachinformationen und Fotomaterial unterstützt. Herrn Imkermeister
Hansgeorg Schell danke ich für die kriti-

schen Anregungen. Die beiden Bienenzucht-
berater Stefan Lembke und Guido Eich stan-
den ebenfalls mit ihren Erfahrungen zur
Klärung von Fragen zur Seite.

Herrn Dr. Wolfgang Ritter (Freiburg)
danke ich für die Informationen zu Bienenkrankheiten.

Frau Dr. Gudrun Koeniger (Oberursel),
Herrn Dr. Dr. Helmut Horn (Hohenheim)
und Herrn Dr. Henrik Hansen (Dänemark)
danke ich für Informationen und das Fotomaterial.

Herrn Jens Radtke (Hohen Neuendorf)
danke ich für seine Hinweise.

Frau Ulrike Fromm (Hagen) hatte viel
Mühe beim Erkennen meiner Handschrift –
trotzdem gelang ihr das Erstellen des Buch-
manuskriptes.

Für das Fehlersuchen und -finden danke
ich Frau Edith Bartels (Bremen) und Frau
Gerda Menkens (Oldenburg).

Allen Fotografen danke ich für die Über-
lassung von Fotomaterial für dieses Buch
(vgl. Bildnachweis).

Herrn Dr. Erich Schieferstein (Deutscher
Imkerbund) gilt mein Dank für das Vorwort.

Dem Kosmos Verlag, insbesondere Frau
Hilke Heinemann, danke ich für die Reali-
sierung des Buchprojektes.

Last but not least bedanke ich mich bei
meinem Freund Georg Hansen, der mir
über viele Monate „den Rücken freigehal-
ten" und so die Erstellung des Buchs erleichtert hat.

▸ Register

Bildnachweis
Farbfotos von Gabi Fotler (3: S. 54 u., 83 ob. re., 111 li.), Henrik Hansen (1: S. 96 2. von ob.), Helmut Horn (2: S. 97 2. von un., 98), Gudrun Koeniger (1: S. 11), Lau (1: S. 15 ob.), Stefan Lembke (2: S. 78 re., 83 li. un.), Werner von der Ohe (3: S. 14, 22 re. un., 98 un.), Rieken (2: S. 83 re. un., 89 ob.) und Staemmler (1: S. 47 ob.), Tierbildarchiv Angermayer (5: S. 6, 37, 57 li., 62, 68). Alle weiteren 175 Fotos wurden von Friedrich Pohl aufgenommen. Mit 18 Farbzeichnungen von Karsten Elze.

Gedruckt auf chlorfrei gebleichtem Papier

Impressum
Umschlag von eStudio Calamar unter Verwendung von vier Farbfotos von Friedrich Pohl (großes Foto) und Tierbildarchiv Angermayer.

Mit 194 Farbfotos und 18 Farbzeichnungen.

Bibliografische Information der Deutschen Nationalbibliothek
Die Deutsche Nationalbibliothek verzeichnet diese Publikation in der Deutschen Nationalbibliografie; detaillierte bibliografische Daten sind im Internet über http://dnb.ddb.de abrufbar.

Unser gesamtes lieferbares Programm und viele weitere Informationen zu unseren Büchern, Spielen, Experimentierkästen, DVDs, Autoren und Aktivitäten finden Sie unter
www. kosmos.de

© 2003, Franckh-Kosmos Verlags-GmbH & Co. KG, Stuttgart
Alle Rechte vorbehalten
ISBN 978-3-440-09295-8
Redaktion: Hilke Heinemann
Gestaltungskonzept: eStudio Calamar
Printed in The Czech Republic /
Imprimé en République Tchèque

Faszinierende Welt der Honigbienen

Friedrich Ruttner
**Naturgeschichte
der Honigbienen**
360 Seiten, 362 Abbildungen
€/D 39,90
€/A 41,10; sFr 64,–
Preisänderung vorbehalten
ISBN 978-3-440-09477-8

- Ein Kompendium über Bienen und ihre Forscher

- Friedrich Ruttner ist es gelungen, fast alle heute bekannten Bienenarten und die meisten Bienenrassen zu beschreiben und in die verschiedenen Ökosysteme einzuordnen

- Einblicke in die Strukturen eines Bienenstaats

www.kosmos.de

KOSMOS

BIENENFUTTER

AUS SACCHAROSE

APIINVERT ®

APIFONDA ®

S Ü D Z U C K E R

Qualitäts-
Bienenfutter

- seit Jahrzehnten bewährt -

FutterSirup und FutterTeig
sind sofort verwendbare Fertigfutter-Produkte.
Die Herstellung aus Saccharose garantiert
optimale Verträglichkeit für Ihre Bienen!

Ausführliche Informationen erhalten Sie bei Ihrem Fachhandel und bei
Südzucker AG Postfach 1164 D-97195 Ochsenfurt Telefon 0 93 31/91-210 Telefax 0 93 31/91-305